MÉMOIRES

DE MADAME

DE STAAL.

TOME TROISIEME.

MÉMOIRES

DE MADAME
DE STAAL,

Écrits par elle-même.

TOME TROISIEME.

A LONDRES.

M. DCC. LV.

MEMOIRES
DE MADAME
DE STAAL,
Ecrits par elle-même.

On avoit fait partir les derniers jours de l'année les équipages de madame la duchesse du Maine, pour l'aller chercher à Chanlay. La Billarderie, qui lui portoit les ordres de la cour, les devoit joindre en chemin, & les devancer. Monsieur de Sailly, écuyer de cette princesse, qui les conduisoit,

Tome III.   * A

prit la poste à moitié chemin , & fut à Joigny , petite ville à deux lieues de Chanlay , pour y attendre le passage de monsieur de la Billarderie , & se rendre en même-temps que lui auprès de madame la duchesse du Maine. Il y demeura deux jours sans vouloir se faire connoître. Les officiers de la bouche du roi , en service auprès de la princesse, venoient tous les jours en ce lieu-là chercher leurs provisions : voyant un homme qui , par les questions qu'il leur fit , paroissoit s'interesser à elle , ils lui en rendirent compte. Elle les chargea de sçavoir qui c'étoit. Il n'osa refuser de l'en instruire. Dès qu'elle le sçut , elle renvoya lui dire de la venir trouver. Quoiqu’il craignît d’outre-paſſer les ordres qu’il avoit d’ailleurs, il lui obéit. Il fit pourtant demander à monſieur Deſangles, lieutenant de roi de la citadelle de Chalons, qui avoit ſuivi madame la ducheſſe du Maine à Chanlay, & l’y gardoit, la permiſſion d’y venir. Il lui manda qu’il le pouvoit ; mais qu’il ſeroit bien aiſe de lui parler avant qu’il parût devant la princeſſe. Il s’adreſſa donc d’abord à Deſangles, qui lui recommanda vaguement de ne rien dire que conformément à la prudence requiſe dans l’état des choſes. Il fut enſuite chez ſon alteſſe. Elle fut ravie de voir en lui un ſignal de ſon retour. Mais cette joie étoit troublée par le délai de celui de la Billarderie, dont elle ne pouvoit pénétrer les raisons.

On lui avoit promis qu'en arrivant à Seaux, elle y trouveroit le duc du Maine, les princes ses fils, & la princesse sa fille. Lorsque la Billarderie étoit prêt à partir, il apprit par madame la duchesse d'Orléans, que monsieur le duc du Maine avoit demandé d'aller à Clagny près de Versailles, & non à Seaux, où il avoit réglé que ses enfans n'iroient pas non plus.

La Billarderie prévoyant que madame la duchesse du Maine seroit au désespoir de ce changement, ne voulut l'aller trouver qu'après avoir tout mis en œuvre, pour amener M. le duc du Maine à ce qu'elle défiroit. Cette négociation retarda fon voyage de plufieurs jours. Ne pouvant rien gagner, il partit enfin, bien réfolu de lui cacher cette fâcheufe nouvelle, de peur qu'elle ne s'obftinât à refter où elle étoit, fi on ne lui donnoit fatisfaction fur ce point.

Son inquiétude de ne le pas voir arriver, croiffoit à chaque moment, depuis celui où elle avoit compté qu'il feroit à Chanlay. Elle faifoit mille queftions à Sailly, pour démêler la caufe de ce retardement. Il fçavoit la réfolution qu'avoit pris monfieur le

duc du Maine , de ne point retourner avec elle. Il se garda bien
de lui en rien dire ; mais son embarras, lorsqu'elle lui parla de la
joie qu'elle auroit de se revoir à
Seaux avec ce prince & avec ses
enfans, pensa le trahir. Elle s'en
apperçut, & lui en demanda la
raison. Il dissipa sa crainte par un
tour assez ingénieux. Enfin la Billarderie arriva, & elle fut entiérement rassurée ; car il ne lui dit
rien que de conforme à ses désirs;
la résolution ayant été prise de
ne l'instruire du véritable état des
choses , que lorsqu'elle seroit à
Petit-Bourg , où étoit sa derniere
couchée. Monsieur d'Antin, qui
devoit y être , étoit chargé de

cette commiſſion. Elle partit ; &
la Billarderie prit toutes ſortes de
meſures pour empêcher qu'elle
n'eût connoiſſance de cet incident
avant le temps marqué, afin que
rien ne retardât ſon retour, & ne
troublât l'ordre de ſa marche. Malgré le ſoin qu'on prenoit, à cette
intention, d'empêcher que perſonne ne lui parlât ſur ſa route, une
concierge à Fontainebleau la mit
ſur la voie, & découvrit le myſ-
tere, en lui diſant que monſieur
le duc du Maine étoit allé à Clagny. Elle fut ſaiſie d'étonnement
& de douleur à cette nouvelle,
qu'elle voulut éclaircir ſur le
champ. La Billarderie fut obligé
de la lui mettre au net, & s'y réſo-

lut d'autant plus volontiers, qu'elle étoit trop avancée pour reculer. Quand elle sçut que cette résidence de monsieur le duc du Maine à Clagny, étoit de son propre choix, elle fut encore plus affligée. Cette disposition de la part de ce prince, sembla lui présager de nouveaux malheurs. Cependant elle continua son chemin, fut à Petit-Bourg, où madame de Chambonnas, sa dame d'honneur, la vint joindre. Elle s'y entretint avec monsieur d'Antin sur les choses présentes ; & on lui fit espérer que, dès qu'elle seroit sur les lieux, tout s'arrangeroit à son gré.

Elle arriva à Seaux, & n'y trouva

perſonne. Elle apprit qu'on n'y pouvoit venir qu'avec une permiſſion expreſſe de madame la princeſſe, qui croyoit ne la devoir donner qu'à peu de gens. Elle ſçut que le duc d'Orléans avoit fait lire en plein conſeil de régence l'écrit qu'il lui avoit promis de tenir ſecret. Quoiqu'il eût été mal lu, peu écouté, encore moins entendu, il ne laiſſa pas d'être jugé & condamné. Le public, qui ne l'avoit pas vu & ne le vit point, ſe révolta contre, blâma madame la ducheſſe du Maine, ſans ſçavoir qu'elle eût été induite en erreur par les perſonnes dont elle devoit moins ſe défier, & ſans examiner les motifs qui l'avoient déterminée au parti qu'elle avoit pris. On suppoſa qu'elle avoit livré les gens qui s'étoient dévoués à elle, quoiqu'elle n'eût porté préjudice à aucun d'eux, & qu'à dire vrai, elle ſe fût plutôt livrée elle-même, pour leur délivrance, à la cenſure du monde aïſée à prévoir dans une occaſion ſi délicate.

L'abbé de Maulevrier entendant la clameur publique, ne ſongea qu'à ſauver madame la princeſſe & lui du ſoupçon d'avoir participé à cette démarche. Dans cette vue, il cria plus haut que perſonne contre madame la ducheſſe du Maine; & il engagea madame la princeſſe à la déſavouer en tout. Il l'accuſa d'avoir ſacrifié le cardinal de Polignal & Malefieu, dont il avoit trouvé peu auparavant qu'elle prenoit trop la défenfe. La Billarderie voulut l'en faire fouvenir, & de tout ce qu'il lui avoit dit, & écrit à madame la ducheffe du Maine, de contraire à ce qu'il difoit alors. Il le nia, foit qu'il en eût perdu le fouvenir, foit qu'il préférât l'interêt préfent à la vérité qu'il croyoit deftituée de preuves. Il vint voir madame la ducheffe du Maine à Seaux, & lui témoigna, fans ménagement, toute la défapprobation qu'il donnoit au parti qu'elle avoit pris. Elle demeura d'abord comme pétrifiée d'étonnement. Elle étoit dans fon lit, & avoit fous fon chevet toutes ſes lettres, & celles de madame la princeſſe : il étoit facile de le confondre. Elle en fut tentée, & eut le courage d'y réſiſter ; voyant, dans la ſituation où elle étoit, le danger d'irriter un homme qui poſſédoit la confiance de madame la princeſſe, ſeul ſoutien qu'elle eût encore, & qui pouvoit l'aliéner d'elle, ſi elle le pouſſoit à bout. Elle préſſentit auſſi que, s'il avoit connoiſſance qu'elle eût conſervé les lettres dont il s'agit, il engageroit madame la princeſſe à exiger qu'elle les lui rendît ; qu'elle ne pourroit les refuſer ſans ſe brouiller avec elle, ni les lui remettre ſans ſe priver pour toujours des preuves juſtificatives de ſa conduite.

Peu de jours après , madame la duchesse du Maine demanda & obtint la permission d'aller voir madame la princesse, qui étoit incommodée , & ne pouvoit venir à Seaux. Elle en fut bien reçue. Madame la princesse se garda de lui faire des reproches qu'elle sentoit devoir retomber sur elle ; & madame la duchesse du Maine ne lui parla que de la nécessité de presser l'exécution des paroles du régent pour la liberté des prisonniers , & de travailler à la réunir avec monsieur le duc du Maine.

Ce prince , mécontent d'avoir essuyé pendant une année entiere une rude captivité pour une affaire où il n'étoit point entré , étoit

dans le deffein de refter à Clagny,
& de ne pas voir madame la ducheffe du Maine. On lui avoit perfuadé qu'en faifant éclater fon ref-
fentiment contr'elle, on y verroit
la preuve de fa propre innocence,
qu'il avoit grand interêt d'établir,
pour forcer le régent à lui rendre
l'exercice de fes charges, & le rang
dont il avoit été dégradé au lit
de juftice qui précéda fa prifon.
D'ailleurs il étoit chagrin du dérangement de fes affaires, & des
dépenfes qui y donnoient lieu ; &
penfoit à régler une fomme pour
l'entretien de la maifon de madame
la ducheffe du Maine, & à prendre
des arrangemens pour le paiement
de fes dettes, & les moyens de

n'en pas contracter de nouvelles.

Ces projets de séparation affligeoient madame la duchesse du Maine, plus encore que la censure publique, & que la désertion de la plupart des gens qui, dans sa prospérité, avoient paru lui être fort attachés. Elle mit donc tout en œuvre pour ramener le duc du Maine à elle ; mais cette négociation fut longue. J'en dirai la suite en son lieu. J'ai placé ici, pour ne pas déranger l'ordre des choses, ce que je n'ai sçu que lorsque je fus en liberté.

Pendant que ceci se passoit, occupée de mes tristes rêveries, seule dans ma chambre, dont je ne sortois plus, j'y vis entrer un porte-clef qui n'étoit pas celui qui me servoit. Il me donna un gros paquet, me dit qu'il viendroit le reprendre, & s'en alla fort vîte. Je l'ouvris avec empreſſement, & j'y trouvai une lettre de madame la ducheſſe du Maine, & ſa déclaration. Elle me mandoit qu'elle m'envoyoit cette piece, afin que j'y puſſe conformer ce que j'aurois à dire ; ſur quoi elle me laiſſoit une entiere liberté. Cette lettre étoit écrite de ſa main. J'en brûlai la partie qui traitoit d'affaires, & je conſervai les dernieres lignes que voilà :

FRAGMENT.

» JE vous aime & vous eſtime plus
» que jamais ; & tout ce que vous
avez

avez fait, ne m'a point furprife. «
Votre efprit & votre fidélité m'é- «
toient connus. Vous recevrez «
des marques de mon amitié , «
telles que vous les méritez, auf- «
fitôt que j'aurai le plaifir de vous «
voir. Adieu, ma chere L . . . «

Je fus extrèmement touchée de
cette lettre, & du plaifir de voir
de l'écriture de ma princeffe. Après
l'avoir bien lue, je me mis à lire
la piece qui y étoit attachée. Tout
au travers de cette lecture , arrive
brufquement le lieutenant de roi.
Je jettai vîte dans un coffre les papiers que je tenois ; & il ne s'apperçut que du chagrin qui me prit
d'être interrompue. Il étoit ac-

Tome III.   *   B

coutumé aux irrégularités de mon humeur, & les respectoit. Il ne fut pas longtemps avec moi, & je repris ma lecture : mais Rondel me faisant envisager le risque que je courois le jour d'être surprise, je remis à la nuit. Cet écrit étoit fort étendu ; & j'en employai deux à l'achever. J'écrivis une lettre à madame la duchesse du Maine (je ne me souviens plus de ce qu'elle contenoit), & recachetai ce paquet. On m'avoit marqué de faire un signal vis-à-vis de la tour où étoit monsieur de Malesieu, quand j'aurois fini, pour qu'on vînt le reprendre. Cela fut exécuté. Le même écrit lui avoit été remis en premier lieu, avec ordre de m'en donner communication. Il lui étoit plus néceffaire qu'à moi d'en prendre connoiffance. Je n'y étois nommée qu'en paffant, fur un fait peu important où il ne s'agiffoit que de la dame Dupuis dont j'ai parlé ailleurs ; mais ce qui regardoit Malefieu y étoit traité à fond, pour le difculper autant qu'il étoit poffible par les repréfentations que madame la ducheffe du Maine déclaroit qu'il lui avoit faites, & l'autorité dont elle avoit ufé envers lui pour en arracher une partie de l'écrit qu'on avoit trouvé. Le délai de fa liberté défoloit cette princeffe. Elle travailla fi fortement auprès du régent pour le tirer de prifon, qu'en-

fin elle y parvint, environ trois femaines après fon retour; mais elle ne put le fauver de l'exil. Il fut
envoyé à Eftampes où il demeura
fix mois.

Elle parla auffi au régent pour le
comte de Laval & pour moi. Il
lui dit que nous étions foupçon-
nés l'un & l'autre d'être entrés dans
l'affaire de Bretagne dont on étoit
alors fort occupé; & qu'il falloit
que cela fût éclarci avant qu'on
pût nous lâcher. Elle lui protefta
qu'à mon égard cela ne pouvoit
être; que je n'avois jamais rien
fait ni pu faire que par fes ordres;
& qu'il étoit certain qu'elle n'a-
voit pris aucune part à cette affaire. Il eft vrai que le baron de

Walef se trouvant désœuvré &
mal à l'aise, se mit dans cette in-
trigue, dont il s'imagina tirer parti. Il eut des correspondances
avec les Bretons révoltés, & y
employa cette femme qu'il avoit
mise en relation avec moi ; d'où
l'on jugea que je pouvois avoir
connoissance des nouvelles me-
nées où elle se prêtoit. On le
crut si bien, quoique cela fût
absolument faux, qu'on pensa me
transférer au château de Nantes.
J'en eus avis, & j'en fus d'autant
plus allarmée, que quelques jours
auparavant on avoit enlevé la
nuit le comte de Noyon de la bastille, pour le mener à ce château ;
si brusquement, qu'il n'avoit eu le

loisir de rien prendre de ce qui étoit à lui. Je croyois me voir ainsi dévalisée, courant la poste sur les grands chemins, pour arriver dans une nouvelle geole, où les geoliers pourroient être plus farouches que ceux que j'avois si bien apprivoisés. Je n'en eus que la peur : on sçut, sans me mener si loin, que je ne trempois pas dans l'affaire de Bretagne.

Le régent alors, pour éluder ma sortie de prison, s'en tint à dire qu'il falloit que je parlasse comme les autres avoient fait ; qu'il avoit imposé cette condition, dont il ne vouloit pas avoir le démenti par l'héroïsme ridicule dont je me piquois. Pour me résoudre à cette

foumiſſion ; on me députa monſieur de Torpanne , qui m'étoit
connu pour être employé dans
la maiſon de monſieur le duc du
Maine. On croyoit que je ne m'en
défierois pas. Il eut permiſſion
d'entrer dans ma chambre , où je
n'avois encore vu perſonne de dehors. Il me dit qu'il venoit, de la
part de madame la ducheſſe du
Maine, me délier de tous les ſermens que je lui avois faits de gar-
der ſes ſecrets ; qu'elle avoit été
obligée elle-même de les révéler,
& qu'elle me diſpenſoit de toute
obſervance à cet égard. Je lui répondis que je n'avois point fait
de ſermens ; que je ne ſçavois ce
qu'il me vouloit dire ; que ſon

alteſſe ſéréniſſime étoit la maîtreſ-
ſe de rendre compte de ſes affaires;
qu'elle le pouvoit beaucoup mieux
que moi, qui n'en ſçavois pas tant,
& ne me ſouvenois pas aſſez de ce
que j'aurois pu ſçavoir, pour en
rien dire. Il s'en alla ſans que je
lui en diſſe davantage.

A cette occaſion, & en d'autres
pareilles, mademoiſelle Rondel,
avec un courage au-deſſus de ſon
état, m'exhorta à ne me pas laiſſer ſéduire par les ſollicitations
employées pour me faire parler.
La conduite que vous avez tenue
juſqu'à préſent, me diſoit-elle,
vous a fait honneur : croyez-moi,
ne la démentez pas. Que vous en
peut-il arriver ? L'affaire eſt finie.

Vous n'avez rien à craindre, que de reſter un peu plus longtemps. Qu'importe ? n'y ſommes-nous pas tout accoutumées ? J'ai toujours admiré qu'un domeſtique, à qui il ne revient rien de l'honneur de ſon maître, y fût ſi délicat, & y ſacrifiât ſi volontiers ſa propre liberté.

Peu après cette viſite de Torpanne, notre gouverneur vint me dire, de la part de monſieur le Blanc, qu'il me demandoit une déclaration. Je lui dis que je ne ſçavois ce que c'étoit qu'une déclaration ; que je n'en avois vu que dans les romans ; qu'apparemment ce n'étoit pas cela que monſieur le Blanc me demandoit ; que

je lui écrirois, pour sçavoir plus
précisément ce qu'il exigeoit de
moi ; que je le priois de vouloir
bien se charger de ma lettre. Je la
lui donnai le lendemain telle que
la voilà :

LETTRE.

» MONSIEUR,

   » MONSIEUR le gouverneur
» de la baftille m'ordonna hier, de
» votre part, d'écrire une décla-
» ration. Comme j'ignore fur quoi
» elle doit rouler, je ne puis, quel-
» qu'envie que j'aie de vous obéir,
» fatisfaire à ce commandement,
» que vous n'ayez la bonté de m'in-
» diquer les chofes dont vous vou-

lez que je vous rende compte. «

Si l'ignorance où je suis des «
fautes que j'ai pu commettre, ne «
suffit pas pour me juſtifier ; du «
moins me met-elle dans une vé- «
ritable impuiſſance d'en faire l'a- «
veu. Monſieur de Torpanne, que «
j'ai vu par votre permiſſion , m'a «
dit que madame la ducheſſe du «
Maine a donné des explications «
très-amples des choſes qui la re- «
gardent. S'il y en a quelques- «
unes ſur quoi vous ſouhaitiez «
quelque éclairciſſement de ma «
part, faites-moi la grace de me «
les marquer, monſieur. J'aurai «
l'honneur de vous répondre avec «
toute l'exactitude qu'exige le «
reſpect dû à la vérité & aux per- «

» fonnes qui me la demandent. J'ai
» l'honneur d'être, &c. «

Ce 20 avril 1720.

Ces mouvemens me faifoient croire ma fortie prochaine. Comme il y avoit apparence que le régent ne confentiroit pas que je retournaffe d'abord auprès de madame la ducheffe du Maine ; que je fçavois d'ailleurs que madame la princeffe s'y oppofoit ; je fongeai à m'affurer un gîte dont je pourrois avoir befoin d'un moment à l'autre. Le goût que j'avois pris pour la folitude dans ma retraite forcée, la vie pénible que j'avois menée dans le monde, me firent envifager avec plaifir la de-

meure d'un couvent. C'étoit pro-
prement ma patrie , & j'avois
toujours défiré de m'y retrouver.
Je fouhaitai principalement d'aller à la Préfentation, où madame
de Grieu étoit encore , & où j'a-
vois fait mon premier établiffement en quittant la province. Je
communiquai mon deffein à Maifonrouge. Il engagea la marquife
du Châtelet, à qui il étoit fort attaché, d'écrire fur cela à madame
de Richelieu fa fœur , abbeffe de
la Préfentation, qui lui manda :

LETTRE.

QUOIQUE je ne prenne point «
de grandes penfionnaires , ma «
chere fœur, j'avois cependant «

» voulu agir, pour obtenir que
» mademoiselle de L... me fût
» confiée. Mais on regarda cette
» démarche, dans ce temps-là,
» comme inutile pour elle, & dan-
» gereuse pour moi. Jugez si je ne
» la recevrois pas en cas qu'elle
» sortît de la bastille. J'y serois por-
» tée par plus d'un motif; & l'un
» des plus puissans pour moi, se-
» roit l'interêt que votre obligeant
» major y prend. Il en a pris des
» soins très-zelés pour l'amour de
» vous. Il a fini pour lui-même. Il
» est juste de la recevoir de sa main.
» Je veux même qu'il m'en tienne
» compte, comme je lui en ai te-
» nu un infini de tout ce qu'il a
» fait à cet égard. Vous avez rai-

fon, ma chere fœur, de vous «
louer de fon zéle & de fon affi- «
duité pour mon frere. J'en fuis «
auffi très-touchée ; témoignez- «
lui ma reconnoiffance , & lui fai- «
tes un million de complimens «
pour moi. «

J'eus avis, peu après cette petite négociation , que madame la
ducheffe du Maine infiftoit fortement pour me ravoir auprès d'elle , dès que je fortirois de prifon,
& mes projets devinrent fort in-
certains ; les plus intereffans dé-
pendoient du retour & des difpofi-
tions du chevalier de Menil. Maifonrouge, fidéle à fa parole, lui
écrivoit tous les huit jours , & en

recevoit des lettres aussi souvent ; dont il ne manquoit pas de me faire part , ainsi que des siennes. Elles étoient fort mesurées les unes & les autres , eu égard au risque qu'elles couroient d'être in-terceptées.

Il avoit passé trois mois & demi dans son exil , lorsqu'il nous annonça son retour. Il suivit de près cet avis. Dès qu'il fut arrivé , il vint voir notre lieutenant de roi , lui fit beaucoup de questions sur ce qui me regardoit, & le pria de me rendre une lettre dont je fus peu satisfaite. Elle rouloit princi-palement sur la nécessité de me tirer de prison. Son style me pa-rut changé. Je soupçonnai ses sen-timens

timens & ſes intentions du même changement. Ce que Maiſonrouge me rapporta de ſes diſcours, ce que je vis qu'il en ſupprimoit, l'air morne qu'il avoit en me faiſant ce récit, tout concouroit à m'allarmer. Puis je me raſſurois par les mêmes choſes qui avoient fait naître mon inquiétude. La triſteſſe d'un rival pourroit-elle annoncer l'infidélité de celui qu'on lui préfere ? N'en auroit-il pas plutôt une joie qu'il ne pourroit diſſimuler ? C'eſt la certitude de ſon malheur, & non le mien, qui l'afflige. Voilà ce que je me diſois pour me calmer ; & mille autres repliques ramenoient l'agitation.

Tome III.   * C

Il m'écrivit plusieurs lettres pendant le reste de ma captivité, qui presque toutes me maintinrent dans cet état d'incertitude & de trouble que je lui cachai autant qu'il me fut possible dans mes réponses.

Madame la duchesse du Maine, qui travailloit à ma délivrance depuis cinq mois qu'elle étoit de retour, pria madame la princesse de Conti sa niéce, dont elle recevoit beaucoup de marques d'amitié, d'engager monsieur le Blanc à me voir une derniere fois, pour terminer mon affaire. Cette princesse lui parla, & ne put obtenir de lui que la permission de m'envoyer monsieur Bochet, secrétaire des commandemens du prince de Conti, chargé des ordres de Madame la duchesse du Maine. Elle ne voulut pas les écrire de sa main. Elle en choisit une qui m'étoit connue & non suspecte, par qui elle fit écrire sur une carte que j'ai gardée : *Madame la duchesse du Maine vous ordonne d'écrire, & je suis chargé de vous le dire de sa part.*

Monsieur Bochet vint à la bastille, me présenta cette carte, me fit comprendre qu'on me sçauroit mauvais gré de tous côtés d'une plus longue résistance, & qu'il falloit enfin céder à ce dernier ordre. J'écrivis donc, mais sans me piquer de sincérité ; &

je ne dis que les chofes qu'on ne fe foucioit pas de fçavoir, & celles qu'on n'avoit nulle envie d'entendre. Je joignis à cette piece une lettre que j'écrivis à monfieur le Blanc. Les voici l'une & l'autre :

DÉCLARATION.

» LE baron de Walef, qui ve-
» noit quelquefois chez madame
» la ducheffe du Maine, depuis
» qu'elle demeuroit aux Thuille-
» ries, & qui de temps en temps
» m'apportoit des ouvrages de
» poëfie de fa façon qu'il fouhai-
» toit que je fiffe voir à madame
» la ducheffe du Maine; me dit un

jour, qu'il méditoit un voyage «
en Espagne, dans le dessein de «
faire revivre, s'il étoit possible, «
d'anciens droits sur une suc- «
cession qui lui étoit autrefois «
échue en ce païs-là; qu'il iroit «
auparavant en Italie, où il «
avoit quelques autres affaires; «
qu'il ne partiroit point sans pren- «
dre congé de madame la du- «
chesse du Maine, & sans rece- «
voir ses ordres. Peu de temps «
après, madame la duchesse du «
Maine me dit que le baron de «
Walef lui avoit parlé de son «
voyage, & lui avoit demandé «
si elle ne voudroit point le char- «
ger de quelque commission; «
qu'elle lui avoit dit que, s'il ap- «

» prenoit des nouvelles particulie-
» res dans les lieux où il iroit, el-
» le feroit bien aife qu'il lui en fît
» part ; qu'il n'auroit qu'à m'écri-
» re , qu'elle vérroit ce qu'il me
» manderoit. Il me vint voir , &
» me dit la même chofe , ajoutant
» qu'il avoit dans ce païs-ci une
» amie, qu'il ne me nomma pas ,
» qui m'apporteroit fes lettres. En-
» fuite il m'avoua qu'il étoit dans
» le dernier embarras ; que l'ar-
» gent fur lequel il avoit compté
» pour faire fon voyage, lui avoit
» manqué ; que, s'il n'en trouvoit
» point , il perdroit des conjonc-
» tures favorables pour fes pré-
» tentions ; qu'il ne fe voyoit d'au-
» tre reffource que de fe défaire

d’un cabaret de porcelaines très-
rares qu’il avoit ; qu’il me prioit
de voir si madame la duchesse
du Maine ne voudroit point l’a-
cheter. Il me l’apporta le lendemain pour le lui montrer. Elle
comprit bien son intention ; &
ne croyant pas pouvoir honnê-
tement refuser quelques secours
à un homme de condition assez
attaché à elle, qui lui faisoit sentir le besoin qu’il en avoit, elle
lui fit reporter son cabaret, &
lui donna cent louis. Il partit,
& fut assez longtemps sans donner de ses nouvelles. Enfin il
écrivit une lettre de Rome, dont
la date surprit madame la duchesse du Maine, qui ne sçavoit

» pas qu'il y dût aller ; enfuite
» quelques autres de Madrid. El-
» les me furent toutes rendues par
» une fille ou femme que je ne
» connois point. Elle me dit être
» des amies du baron de Walef,
» & fe nommer Pruden. Je n'ai ja-
» mais parlé d'elle à madame la
» ducheffe du Maine, l'occafion
» ne s'en étant pas préfentée ; &
» je n'ai eu aucune converfation
» particuliere avec ladite perfon-
» ne ; je me fuis fimplement con-
» tentée de la remercier de la pei-
» ne qu'elle prenoit de m'appor-
» ter les lettres dont il s'agit. Je
» ne me fouviens point de ce qu'el-
» les contenoient. J'ai feulement
» quelque idée d'un mémoire que

le baron de Walef avoit fabri- «
qué pour le cardinal Alberoni, «
suivant l'extrait qui en étoit dans «
une de ses lettres : C'étoit un tis- «
su de choses bizarres, si confu- «
sément arrangées, qu'on n'y «
pouvoit rien comprendre ; en- «
core moins pourroit-on en ren- «
dre aucun compte. Madame la «
duchesse du Maine en entra dans «
une véritable colere, & me dit «
que, si cet homme-là s'alloit avi- «
ser de la mêler dans ses extrava- «
gances, il lui feroit de belles af- «
faires ; qu'il falloit lui mander «
incessamment de se tenir en re- «
pos, & de ne songer en aucune «
maniere à des choses dont il n'é- «
toit point chargé. La lettre fut «

» écrite en termes assez vifs pour
» lui faire sentir combien l'on dés-
» approuvoit ses fausses démar-
» ches. Cependant il produisit en-
» core de nouvelles visions; sur
» quoi je me souviens que mada-
» me la duchesse du Maine me
» dit : Il est tombé absolument en
» démence; c'est, ajouta-t'elle, un
» accident si ordinaire aux gens
» qui comme lui se mêlent de faire
» des vers, que j'aurois dû le pré-
» voir, & ne pas souffrir qu'un pa-
» reil homme pût se vanter d'être
» connu de moi. Craignant donc
» les effets de sa verve insensée,
» elle jugea qu'il n'y avoit rien de
» mieux à faire que de lui insinuer
» de revenir, en lui promettant,

comme elle sçavoit qu'il cher- «
choit fortune, de lui ménager en «
ce païs-ci quelqu'emploi qui lui «
convînt. Il manda qu'il revien- «
droit volontiers, ne voyant nul- «
le apparence de terminer les af- «
faires qui l'avoient appellé en Es- «
pagne; mais qu'il étoit sans un sol «
pour faire son voyage, & qu'il «
ne sçavoit plus même comment «
subsister; qu'il auroit souhaité, «
ne pouvant revenir faute de «
moyens, de trouver de l'emploi «
sur les lieux. «

Ma mauvaise santé alors m'ayant «
empêché de suivre madame la «
duchesse du Maine dans un voya- «
ge qu'elle fit à Seaux, je fus af- «
sez longtemps éloignée d'elle. A «

» fon retour, elle me dit qu'elle
» avoit pris des mefures, comme
» elle s'y étoit crue obligée, pour
» empêcher qu'on ne fît attention
» à ce qui pourroit venir de la part
» du baron de Walef; qu'elle avoit
» de plus trouvé moyen de faire
» folliciter quelque emploi pour
» lui en Efpagne, en cas qu'il
» ne voulût pas revenir; qu'elle
» comptoit que cela lui calmeroit
» l'efprit, & qu'il ne fongeroit plus
» à fe faire de fête fans qu'on l'en
» priât; qu'il falloit lui en donner
» avis, & lui mander de ne plus
» écrire, ce commerce-là ne fai-
» fant que déplaire. Et il nen fut
» plus queftion.

» J'ai eu connoiffance encore

d'une autre chofe, qui peut-être «
ne mérite pas d'être rapportée ; «
quoiqu'il en foit, la voici : «

L'abbé le Camus ayant dit à «
madame la ducheffe du Maine, «
qu'un abbé de Verac étoit au- «
teur d'un certain libelle qui avoit «
couru fur le différend des prin- «
ces ; elle fouhaita d'en avoir des «
preuves, pour détruire l'opinion «
qu'on avoit eue que cet écrit for- «
toit de fa maifon. Je fus chargée «
à cette occafion de voir une «
femme nommée Dupuis, amie «
de ces deux abbés, de laquelle «
on prétendoit que je tirerois les «
éclairciffemens & les preuves du «
fait dont il s'agit. Je réuffis mal «
dans ma commiffion. La dame «

» Dupuis ne me dit rien. Il fallut
» la revoir ; je n'en ſçus pas da-
» vantage. Cependant elle prit de-
» là occaſion de venir ſouvent chez
» madame la ducheſſe du Maine,
» ſous prétexte d'avoir à me par-
» ler ; & tous ſes diſcours ſe rédui-
» ſoient à des offres de ſervice de
» l'abbé de Verac pour madame la
» ducheſſe du Maine, en cas qu'elle
» voulût faire faire quelque ouvra-
» ge. Je lui répétai pluſieurs fois
» que, toutes ſes affaires étant ter-
» minées, il n'étoit plus queſtion
» d'écrire. Elle revint à la charge,
» & me dit que ſi madame la du-
» cheſſe du Maine vouloit voir
» l'abbé de Verac, elle en demeu-
» reroit fort ſatisfaite, & qu'il pour-

roit lui dire des chofes qu'elle fe- «
roit bien aife de fçavoir. Je ren- «
dis compte à madame la ducheffe «
du Maine de cette propofition «
qui me fut réïtérée. Elle refufa «
de voir l'abbé de Verac ; & te- «
nant pour fufpect cet empreffe- «
ment hors de propos, elle m'or- «
donna de dire à la dame Dupuis «
de ne plus revenir. Elle ne fut «
pas facile à rebuter ; elle revint «
malgré cela fous divers prétex- «
tes, difant qu'elle avoit des avis «
importans à donner, dont elle «
ne vouloit pas s'expliquer avec «
moi. Je lui ménageai enfin l'oc- «
cafion de voir un moment ma- «
dame la ducheffe du Maine, à «
qui elle dit quelques mots, qui «

» ne changerent rien aux foupçons
» qu'elle avoit contre cette fem-
» me.

   » Voilà les feules chofes où j'aie
» eu quelque part & dont j'aie été
» informée. Au furplus, j'ai entre-
» vu que madame la duchefſe du
» Maine fe donnoit des mouve-
» mens , & qu'elle étoit embarraf-
» fée dans quelque affaire dont je
» n'ai point fçu le détail. J'ai feule-
» ment remarqué l'extrême frayeur
» qu'elle avoit que monfieur le duc
» du Maine n'en eût la moindre
» connoiſſance. «

Ce premier février 1720.

L E T T R E

LETTRE *à monſieur le Blanc,*
en lui envoyant cette piéce.

MONSEIGNEUR,

Vos ordres réïtérés me pa-
roiſſent trop indiſpenſables,
pour différer davantage de les
exécuter. Voilà donc un récit
exact de ce que je ſçais, tant ſur
les choſes dont vous avez pris la
peine de me parler, que ſur celles qui ſe ſont préſentées d'elles-
mêmes à mon ſouvenir. Cela n'a
peut-être ni la forme, ni le ſtyle
d'une déclaration, à quoi vrai-
ſemblablement je n'entens rien.
Mais du moins, monſeigneur,
vous y reconnoîtrez ma ſincérité

Tome III. * D

» & ma soumiſſion à vos ordres.
» Si j'ai manqué d'y satisfaire dès
» la premiere fois qu'ils m'ont été
» signifiés, j'en ai été suffisamment
» punie par la crainte de m'être
» attirée votre indignation, plus
» fâcheuse à mon gré, que tous
» mes autres malheurs. J'ai l'hon_
» neur d'être, &c. »

Je crois que le régent ne fut pas
fort satisfait de cette piéce ; mais
comme il ne vouloit que l'exécution apparente de la condition im-
posée pour obtenir notre liberté,
il s'en contenta, & il n'en fut fait
aucune mention ; de sorte qu'on
ignora dans le public que j'eusse
donné aucun écrit.

Quelques jours après, je vis, étant à ma fenêtre, le lieutenant de roi traverfer précipitamment la cour, tenant un papier qu'il me montroit. Il entra chez moi avec un faififfement qui m'étonna. Il n'y a que les peintres qui ont fçu unir l'expreffion de la joie à celle d'une vive douleur, qui puffent bien rendre ce que je remarquai en lui, lorfqu'il me préfenta le papier qu'il tenoit; c'étoit la lettre de cachet pour me faire fortir de la baftille. Vous voilà libre, me dit-il, & je vous perds. J'ai fou-haité ardemment ce moment-ci; j'aurois donné ma vie pour l'avan-cer. Mais je vais ceffer de vous voir; que deviendrai-je?

Je ne fentis que des mouve-mens confus; la joie, s'il y en avoit, ne s'y diftinguoit pas. Je regrettois un ami capable d'un attachement que je ne voyois que trop être unique. Je fouhaitois de revoir le chevalier de Menil & d'éclaircir mes foupçons, & peut-être ne le craignois-je pas moins. Enfin je défirois de me retrouver auprès de madame la ducheffe du Maine, & j'étois effrayée des peines & des fatigues où j'allois retomber. Tous mes fentimens étoient fufpendus, par la force prefque égale d'un fentiment contraire.

Je reçus avec ma liberté l'ordre de me rendre, fur le champ, à

Seaux, où étoit madame la ducheffe du Maine. J'envoyai au
Temple, prier l'abbé de Chaulieu
de m'envoyer fon carroffe pour
me mener chez lui & enfuite à
Seaux; il étoit déja fort mal de la
maladie dont il mourut trois femaines après. Je le vis; & je remarquai combien, dans cet état,
ce qui nous eft inutile nous de-
vient indifférent. Il avoit pris
grande part à ma captivité, & ne
me parut point touché de m'en
voir délivrée. Je fentis vivement
la perte que j'allois faire d'un ami
qui fembloit s'être chargé du foin
de répandre de l'agrément dans
ma vie, tout autant qu'elle en pouvoit comporter : en effet, j'en eus

encore d'occupés de ce qui m'é-
toit utile ; mais perfonne ne re-
prit cette aimable fonction auprès
de moi. Je ne pus refter avec l'abbé auffi longtemps que je l'aurois
fouhaité. Il fallut partir fans m'arrêter nuîle part.

J'arrivai à Seaux fur le foir. Madame la ducheffe du Maine étoit
à la promenade. J'allai à fa rencontre dans le jardin : elle me vit,
fit arrêter fa caleche, & dit : Ah !
voilà mademoifelle de **L**... Je fuis
bien aife de vous revoir. Je m'ap-
prochai ; elle m'embraffa, & pour-
fuivit fon chemin. Je rentrai dans
la maifon. On me mena dans la
chambre qu'elle m'avoit deftinée.
Je fus ravie d'y trouver une fenê-

tre & une cheminée, & d'apprendre qu'il y avoit deux femmes de
chambre nouvelles ; une pour
remplacer la premiere qui étoit
morte, & l'autre pour occuper ma
place dont j'étois deftituée. Madame la ducheffe du Maine m'a-
voit fait dire qu'elle vouloit mademoifelle Rondel, dont on lui
avoit rapporté beaucoup de bien,
pour femme de garderobe. La
fienne étoit morte en prifon. J'en
fis le facrifice volontiers, dans
l'efpérance que cela la meneroit
à quelque chofe de mieux, & je
pris une jeune fœur qu'elle avoit.
Elles ont été l'une & l'autre femmes de chambre de fon alteffe,
vingt ans après.

D iv

Il n'y avoit preſque perſonne à
Seaux quand j'y retournai. La ducheſſe d'Eſtrées s'y étoit rendue
auſſitôt qu'elle en avoit pu obtenir la permiſſion. Madame la ducheſſe du Maine n'avoit encore la
liberté de voir que fort peu de
monde. Elle jouoit au biribi avec
les gens de ſa maiſon preſque toute la nuit, & dormoit la plus grande partie du jour. On me fit veil-
ler & lire comme auparavant. J'en
étois fort déſaccoutumée; & ces
exercices pénibles me firent bientôt regretter le repos de ma priſ-
ſon. Madame la ducheſſe du Maine m'entretint de la ſienne, m'apprit tout ce qui lui étoit arrivé,
que je ne ſçavois point; me parla

beaucoup, & me queſtionna peu. Elle me montra les lettres de madame la princeſſe, & celles de l'abbé de Maulevrier, dont j'ai parlé ci-deſſus. Je reçus celle-ci du pauvre Maiſonrouge, le lendemain que je l'eus quitté :

L E T T R E.

Le 7 juin.

JUGEZ, ma très-chere pupille «
(c'eſt une qualité que je déſire «
que vous vouliez conſerver); ju- «
gez, dis-je, quelle eſt ma ſitua- «
tion. Je flotte entre la joie & la «
triſteſſe. Vous ſçavez avec quelle «
paſſion j'ai ſouhaité votre liber- «
té. Elle vous eſt enfin rendue. A «
la bonne heure : je l'aurois ache- «

» tée de la mienne propre. Mais
» enfin, qu'il m'en a déja coûté,
» & que je prévois qu'il m'en coû-
» tera ! C'est sans art, sans artifice,
» que je me découvre à vous tel
» que je suis. Ma sincérité & la droi-
» ture de mon cœur vous sont con-
» nues. Je ne prens nulle précau-
» tion pour justifier mes différens
» caprices J'ai désiré ardemment de
» vous perdre. Je vous ai perdue.
» J'en suis au désespoir. Quelques
» réflexions que je fasse sur ma bi-
» zarrerie, je ne puis absolument la
» condamner; excusez-le, ma chere
» & digne amie. Je vous aimerai
» toujours avec toute la tendresse
» de mon cœur. Je prendrai toute
» ma vie infiniment de part à ce

qui vous arrivera d'heureux. Votre vertu, votre courage m'ont
acquis tout entier. Tant d'autres
belles qualités, que j'ai vues de
près, me font regretter sans cesse
ma triste fortune, mais me feront
toujours ressouvenir que, qui
vous a aimé ne doit jamais ces-
ser de vous aimer. Surtout ayez
grand soin de votre santé. La
journée d'hier n'a pas trop bien
influé sur la mienne. Les différens mouvemens dont j'ai été
agité, ont produit un contraste
qui ne m'a pas fait passer une trop
bonne nuit. On a bien soin de
votre chatte. »

Deux jours après, je demandai

permiſſion de faire un tour à Paris, pour retirer beaucoup de choſes que j'avois laiſſées à la baſtille,
n'ayant pris avec moi que ce qui
m'étoit le plus néceſſaire. J'avois
une extrême impatience de revoir
mes vrais amis, & principalement
d'entretenir le chevalier de Menil, à qui je donnai avis de cette
courſe par ce billet :

BILLET.

» ENFIN je pourrai vous par-
» ler, s'il n'arrive encore quelque
» contretemps. J'eſpere être lundi
» dans la matinée à la Préſenta-
» tion, & là nous nous explique-
» rons ſur bien des choſes dont j'ai
» l'eſprit & le cœur pleins. En at-

tendant, comme rien n’eſt ſûr, «
je vous dirai toujours ce qui ſe «
peut dire, non pas ce que je pen- «
ſe de ma ſituation préſente ; car «
vous me croiriez l’eſprit déran- «
gé. En tout cas, c’eſt l’effet des «
veilles ſans interruption, que «
j’ai faites depuis que je ſuis ici. «
Quoiqu’il en ſoit, je n’ai pas en- «
core été dans une diſpoſition «
plus triſte ; & ſi je ne reçois d’ail- «
leurs la ſatisfaction qui me man- «
que, j’ai peur enfin de me man- «
quer à moi-même. «

Je fus le ſurlendemain chez madame de Grieu à la Préſentation :
elle penſa mourir de joie de me
revoir. Je trouvai à ſon parloir le

chevalier de Menil qui, loin d'un pareil tranſport, ne me montra qu'un air embarraſſé. Je fus moi-même atterée par ſa contenance, dont j'augurai ſon entier changement.

Il me parla du mauvais état de ſes affaires, cauſé par le dérangement général où il s'étoit compromis en vendant une maiſon qu'il avoit, & dont je vis qu'il s'étoit défait ſans néceſſité pour un fonds perdu. Son goût pour cette nature de bien, marquoit clairement qu'il n'avoit jamais eu deſſein de vivre que pour lui. Le voile, tantôt plus ou moins épais, qui m'avoit couvert les yeux juſqu'alors, tomba; & je vis l'abîme où je m'étois pré-

cipitée , en m'engageant si légérement sur de vaines illusions. Pour
ne leur plus laisser aucune prise , je
lui demandai qu'étoient donc de-
venus ses anciens projets ? Il me
dit qu'il en désiroit l'exécution autant qu'il eût jamais fait ; qu'il
étoit bien éloigné d'y renoncer ;
mais qu'il les falloit suspendre ,
pour voir le tour que prendroient
ses affaires ; qu'en attendant , il
feroit ce voyage dont il m'avoit
déja parlé dans ses lettres (il s'a-
gissoit d'aller voir la marquise d'A-
varay , ambassadrice en Suisse , son
ancienne & intime amie). Rien ne
lui paroissoit plus indispensable.
Quelqu'envie qu'il eût de la voir ,
il en avoit encore plus de s'éloi-

gner de moi. Mais toute rebutée que j'étois de lui , je souhaitai de ne m'en pas retourner sans lui parler encore. Je lui dis que je serois deux jours à Paris , chez madame de Réal , ma plus intime amie , niéce de madame de Grieu ; qu'il m'y trouveroit le lendemain l'après-dîner , s'il vouloit y venir.

Je fus ensuite voir mes amis, dont vraisemblablement je reçus un meilleur accueil. Il ne m'en reste pourtant aucun souvenir, tant la douleur qui avoit pénétré mon ame , la rendit incapable de toute autre impression. Je fus à la bastille: c'étoit l'objet de mon voyage. J'y vis le lieutenant de roi ; je le trouvai abbattu & malade. J'ai per-

du

du toute idée de ce que nous nous dîmes. Je ne fçais même fi nous eûmes aucune converfation particuliere. Je fçais feulement que je lui donnai le petit écrit que j'avois ébauché dans ma prifon, qu'il m'avoit demandé avec inftance. J'y avois joint cette efpece d'épître dédicatoire :

L E T T R E

A monfieur de Maifonrouge.

Puisque c'eft à vous, mon- « fieur, que je dois la liberté d'ef- « prit dont j'ai joui dans ma capti- « vité, il eft jufte que les fruits « qu'elle a produits vous foient « confacrés. Ils font de fi médio- «

Tome III. * E

« cre valeur, & en si petite quantité,
» que j'ose à peine vous présenter
» mon offrande, qui consiste en quel-
» ques réflexions, dont aucune n'a
» sa juste étendue, & qui, toutes en-
» semble, ne parviennent point au
» but que je m'étois proposé dans
» l'ouvrage, dont ceci n'est qu'un
» mince fragment. Je ne puis m'ex-
» cuser ni sur la précipitation, ni sur
» le manque de loisir. La paresse
» & l'indolence, qui naissent & se
» fortifient dans la solitude, sont
» les seules causes de la briéveté
» & de l'imperfection de cet écrit.
» Si vous daignez le recevoir com-
» me un témoignage de ma con-
» fiance & de la reconnoissance
» que je dois à toutes les graces

que vous m'avez faites , c'en fe- «
ra une nouvelle , dont je confer- «
verai , auffi-bien que des autres , «
un éternel fouvenir. «

Je ne fçais ce que je fis le refte
du jour. Le lendemain je reçus une
vifite de monfieur de Silly chez
madame de Réal. Il me témoigna
beaucoup de joie de me revoir ,
& grande fatisfaction de ma conduite. Je courus encore par le
monde , & rentrai de bonne heure. Madame de Réal étoit allée à
l'opera. Je n'avois pas voulu l'y
accompagner, ni qu'elle reftât pour
me tenir compagnie. Je me pro-
mettois une occupation plus in-
tereffante. J'attendis donc ; & j'at-

tendis sans fin le chevalier de Menil, qui ne vint point. C'est principalement l'impression de cette
cruelle soirée, qui effaça de ma
mémoire ce qui l'avoit précédée
& ce qui la suivit. Je n'ai passé
aucun temps dans ma vie, que je
puisse comparer à celui-là. Je vis
l'infidélité de Menil avérée ; je vis
qu'il se dispensoit même de toute
mesure d'honnêteté & de bien-
séance avec moi : & ce qui mit le
comble à mon désespoir, c'est que
je vis en même temps que, tout per-
fide qu'il étoit, je ne pouvois me
détacher de lui.

Madame de Réal revint, & me
trouva dans un état où elle ne m'a-
voit jamais vue, quoique nous eus-

fions paffé notre vie enfemble dans la plus intime confiançe. Elle voulut fçavoir ce qui me caufoit une douleur fi violente. Je le lui avouai, & lui contai toute mon aventure. Je trouvai quelque confolation à épancher mon cœur avec une ame fi tendre & fi fure. Je l'avois prefqu'élevée, & je la regardois comme ma fille. C'étoit une femme extrèmement aimable , exempte de toute prétention, douce, fenfée , ayant beaucoup d'efprit fans le fçavoir, & d'agrément fans fonger à plaire.

Quoique l'entretien que j'eus avec elle m'eût un peu foulagée, je paffai la nuit dans une agitation qu'aucun inftant de fommeil ne

E iij

calma. Dès que la pointe du jour parut , j'écrivis au chevalier de Menil.

Il vint chez madame de Réal avant mon départ. Il n'avoit manqué la veille que par une méprise. On lui dit à la porte que j'étois fortie. Enfin il n'eut pas ce tort-là ; mais il lui en reftoit tant d'autres , que je n'en fus guere plus contente, comme je le lui témoignai par mes lettres , lorfque je fus retournée à Seaux.

J'en reçus en même temps une de madame de Vauvray , qui me marquoit que le peu de loifir que j'avois eu de me faire habiller & de m'inftruire des modes , autorifoit le foin qu'elle prenoit de m'en envoyer un échantillon. La lettre étoit accompagnée d'une caſſette contenant l'habillement d'une femme, depuis la tête juſqu'aux pieds, & tout ce qui peut entrer dans notre parure ; le tout du meilleur goût du monde. Je fus touchée d'une attention ſi galante dans une conjonêture qui la rendoit convenable. Tout ce que j'avois porté en priſon s'y étoit uſé par laps de temps ; & j'en étois ſortie ce qui s'appelle déguenillée. Je fus donc revêtue par les ſoins d'une amie, dont je n'ai pu reconnoître la généroſité que par le ſouvenir que j'en conſerve.

Je me vis aſſez fêtée, après ma ſortie de priſon. La médiocre part que j'avois eue dans une affaire d'un fi grand éclat, me donna une forte de luftre. La conduite convenable que j'avois tenue m'attira plus d'approbation qu'au fond je n'en méritois par le peu qu'il m'en avoit coûté. Mais nos actions ne peuvent être appréciées par leur valeur intrinfèque non connue : la pofition qui les met au jour en décide le prix. Mes anciens amis, flattés de cette efpece de fuccès, fe réchaufferent pour moi. Bien des gens qui ne me connoiffoient pas, voulurent me connoître ; & j'aurois joui de beaucoup d'agrémens, fi le malheureux poifon dont mon ame étoit imbibée ne l'avoit rendue impénétrable à toute fatisfaction.

Cependant madame la duchesse du Maine étoit encore dans de très - grandes peines : il m'étoit plus facile d'y prendre part , que je n'aurois pu faire à ses plaisirs. Beaucoup de gens s'étoient éloignés d'elle , crainte de déplaire au régent , avec qui , malgré l'apparente réconciliation , on ne la croyoit pas bien. Elle voyoit peu de monde. Le cardinal de Polignac & Malesieu étoient encore dans leur exil. Mais ce qui l'affligeoit par dessus tout , monsieur le duc du Maine s'obstinoit à rester à Clagny , & ne vouloit point la voir. Il lui fit faire la proposition de régler une somme pour la dépense de sa maison, & d'en prendre l'adminiſtration elle - même. Ces vues de ſéparation lui furent odieuſes ; & elle ne voulut rien écouter qui tendît à cette fin. Elle mit au contraire tout en œuvre pour le rapprocher d'elle ; lui fit parler par madame la princeſſe, par tous les gens qui pouvoient avoir accès auprès de lui, même par madame de Chambonnas, à qui elle fit ſi parfaitement ſa leçon, qu'elle parla merveilleuſement bien. Enfin, pour l'attaquer par la conſcience, elle employa le cardinal de Noailles. Monſieur le duc du Maine , preſſé de tous côtés , ne put refuſer du moins une entrevue qui ſe fit dans une maiſon de Landais, ſecrétaire général de l'artillerie, à Vaugirard. Ce prince s'y rendit; & madame la princesse y mena la duchesse du Maine. Elle employa beaucoup de prévenances de sa part, qui ne firent pas, sur l'esprit de monsieur le duc du Maine, tout l'effet qu'elle en attendoit. S'il n'avoit eu qu'un mécontentement véritable, sa résistance n'eût pas été si longue; mais un ressentiment concerté ne se peut vaincre que par des raisons qui en persuadent l'inutilité. C'est ce qu'à la fin on lui fit voir, & il se rendit.

Il revint donc à Seaux, & y vécut à peu près comme à son ordinaire, toujours préoccupé cependant des ménagemens qu'il falloit obferver. C'eft dans cet efprit qu'il ne voulut pas que Malefieu , revenu d'exil, reparût auprès de lui. Il refta avec fa famille à Chatenay , terre démembrée de la baronnie de Seaux , donnée en toute propriété à lui & fa poftérité par monfieur le duc du Maine. Madame la ducheffe du Maine fouffroit impatiemment cette abfence, dont elle ne fe dédommageoit que par un perpétuel commerce d'écriture.

Madame de Malefieu , fa femme , l'avoit fuivi dans fon exil, & étoit reftée auprès de lui depuis fon retour. Elle étoit gouvernante de mademoifelle du Maine , qu'on laiffa au couvent de Chaillot, jusqu'à ce que tout fût rentré dans l'ordre accoutumé.

Le cardinal de Polignac dans son abbaïe d'Anchin, pas moins intimidé que le duc du Maine, n'o-soit avoir la moindre relation avec madame la duchesse du Maine. Elle étoit cependant fort empres-sée de lui justifier sa conduite. El-le profita de l'occasion d'un voya-ge que le fils de madame de Cham-bonnas faisoit en Flandres, pour lui écrire & lui envoyer la copie de sa déclaration. Il craignit de jetter les yeux sur ces papiers, & les re-mit à un homme de confiance, qui l'assura qu'il les pouvoit lire sans danger. Quoiqu'il dût voir, par l'examen de cette piéce, le foin que madame la duchefle du Maine avoit pris de pallier ce qui le regardoit, & lui en fçavoir gré, il s'obftina par une vaine frayeur à n'avoir aucun commerce avec elle, & ne lui rendit qu'une fimple vifite de cérémonie, quand il fut de retour. Il ne voulut pas même (tant la punition l'avoit rendu circonfpect) fe trouver à la nôce du marquis de Chambonnas avec mademoifelle de Ligne, où il fut invité comme parent, parce qu'elle fe faifoit à l'arfenal chez madame la duchefle du Maine, & qu'elle y devoit être.

Quelque temps après, la mort du pape l'ayant appelié à Rome, il vint prendre congé d'elle, &

parut s'en rapprocher. Il l'affura,
en la quittant, qu'elle auroit fouvent de fes nouvelles ; & qu'il re-
prendroit avec elle, lorfqu'il feroit revenu, la conduite d'un véritable ami, dont il avoit fufpendu
les devoirs pour ôter tout ombra-
ge au régent. Malgré ces bons
propos, la crainte demeura la plus
forte, & l'on n'entendit pas parler
de lui.

Cependant madame la ducheffe du Maine regagna peu à peu fa
pleine liberté. Les perfonnes éloi-
gnées d'elles, de gré ou de force,
s'en rapprocherent. Malefieu revint à Seaux. Elle vit du monde
fans reftriction ; alla à Paris quand
il lui plût ; y demeura tant qu'elle

voulut. Monsieur le duc du Maine étoit rentré dans l'exercice de ses charges; & il ne restoit plus de traces de leurs malheurs, que la dégradation du rang de ce prince, & des princes ses enfans. Il n'y fut réintégré que sous le ministere du cardinal de Fleury. En attendant que j'en sois là, si tant est que j'y vienne, je reprens la suite de ce qui me regarde.

Je perdis ma mere, peu après ma sortie de prison. Elle étoit depuis longtemps dans un couvent, accablée de souffrances, & mal à l'aise. Quoique je la connusse à peine, je la regrettai beaucoup; & d'autant plus, que je commençois à me voir en état de la mieux secourir.

Avant

Avant que je fuſſe à la baſtille, monſieur de Valincourt m'avoit fait faire connoiſſance avec monſieur & madame Dacier. Il m'avoit même admis à un repas qu'il donna pour réunir les *Anciens* avec les *Modernes*. La Motte à la tête de ceux-ci, vivement attaqué par madame Dacier, avoit répondu poliment, mais avec force. Leur combat, qui faiſoit depuis long-temps l'amuſement du public, ceſſa par l'entremiſe de monſieur de Valincourt, leur ami commun. Après avoir négocié la paix entre eux, il en rendit l'acte ſolemnel dans cette aſſemblée, où les chefs des deux partis furent convoqués. J'y repréſentois la Neutralité. On but à la fanté d'Homere, & tout fe paffa bien.

Monfieur & madame Dacier prirent beaucoup de part à ma captivité, & m'en donnerent des témoignages autant qu'il leur fut poffible. Ils n'en prirent pas moins à ma délivrance; & monfieur Dacier, tout affligé qu'il étoit de la maladie dangereufe de fa femme, m'écrivit une lettre pour elle & pour lui, remplie de la plus grande eftime & du plus tendre interêt à ce qui me regardoit. Il perdit cette femme célébre, fi précifément faite pour lui. Sa douleur fut de celles où l'on fent l'impoffibilité de réparer fa perte. J'en compris l'étendue, & lui témoignai par une lettre combien j'en étois touchée. La réponse qu'il me fit, marquoit l'excès de son affliction, & le gré qu'il me sçavoit de la part que j'y prenois. Je lui écrivis six semaines après, de la part de madame la duchesse. Je vis dans sa réponse le même dégré de sensibilité que dans les premiers momens de son malheur. J'y compatis véritablement, & puis je n'y pensai plus.

Environ un an après, la duchesse de la Ferté, que ma captivité avoit ranimée pour moi, me dit, revenant de Versailles : J'ai trouvé chez le maréchal de Villeroi ce pauvre Dacier ; il fait peine à voir. Il nous a dit qu'il étoit aussi affligé

que le premier jour, & prêt à mourir de défefpoir. Eh bien! lui ai-je
dit, il n'y a qu'un moyen de vous
confoler : il faut vous remarier.
Bon dieu! s'eft-il écrié; quelle
femme pourroit remplacer celle
que j'ai perdue? Mademoifelle de
L..., ai-je répondu. Il eft de-
meuré tout étonné; & après quelques momens de réflexion, il a repris : C'eft la feule dans le monde
avec qui je puffe vivre, & qui n'of-
fensât pas la mémoire de madame
Dacier. Le maréchal & moi, le
voyant ébranlé, avons appuyé la
propofition, & nous l'avons tout-
à-fait difpofé à l'entendre. Je veux
qu'il vous époufe; c'eft un homme
célébre, qui a du bien : vous rem-

placerez une femme illuftre ; ce mariage fera auffi honorable qu'u-tile. Je fentis ce qu'elle me difoit, & lui témoignai beaucoup de re-connoiffance du foin qu'elle vou-loit bien prendre encore de mon établiffement. Elle m'affura qu'el-le fuivroit cette affaire & la me-neroit à bien. Cependant des dif-tractions furvinrent ; la ducheffe fit un voyage de campagne, & cet-te idée s'éloigna. J'en parlai à mon-fieur de Valincourt, qui la trouva avantageufe, & prit des mefures plus fuivies pour la rendre effec-tive. Il étoit ami de monfieur Da-cier ; il l'amena fans peine à lui confier ce que lui avoit dit la du-cheffe de la Ferté. Il lui avoua que

ce propos, quoique jetté légérement, lui avoit fait une forte impreſſion ; & que, depuis ce moment-là, il n'avoit ſongé qu'aux
moyens de me faire agréer ſes
vues. Monſieur de Valincourt ſe
chargea de m'en parler, & de lui
faire ſçavoir mes diſpoſitions.

L'amour inſurmontable de la liberté & du repos, me faiſoit déſirer depuis longtemps tout ce qui
me pouvoit procurer l'un & l'autre. Monſieur de Valincourt fut
chargé d'une réponſe favorable,
néanmoins dépendante du con-
ſentement de monſieur & de madame la ducheſſe du Maine.

Monſieur Dacier, charmé de
cet heureux commencement, ac-

cepta avec une extrême joie la proposition que lui fit monsieur de Valincourt de lui donner à dîner avec moi, la premiere fois que je pourrois aller à Paris. Cela s'exécuta peu après. Nous eûmes un long entretien, où il me témoigna la volonté de faire pour moi tout ce qui pourroit dépendre de lui, & ne me laissa que le soin d'obtenir le consentement de mes maîtres.

Quoique je n'eusse rien du mérite de madame Dacier, l'espérance de revivre avec quelqu'un qu'il pût estimer, enflamma monsieur Dacier d'une espece de passion pour moi, plus vive que son âge, & l'état dans lequel il étoit, ne fembloient le comporter. Plus fa douleur & la triftefſe qui en réful-toit étoient infoutenables, plus le foulagement qui s'y offroit lui parut néceſſaire. Il fouhaita donc ardemment de conclure l'engagement qu'il avoit projetté, & n'épargna rien pour y réuffir. Il porta chez monfieur de Valincourt le mémoire de fon bien, qu'il me donnoit en entier ; & fit voir que les avantages qu'il me faiſoit, iroient à vingt-cinq mille écus, fans compter fon logement au louvre, & une partie de fes penfions, qu'on crut facile de me faire affurer. La ducheſſe de la Ferté, qui à fon retour avoit repris l'affaire à cœur, avoit parlé de cet article à

madame de Ventadour, à l'évê-
que de Fréjus alors précepteur du
roi, & au maréchal de Villeroi,
qui lui avoient promis d'obtenir
cette grace, pour faciliter une affaire qu'ils approuvoient.

Il n'étoit plus queſtion que de
l'agrément de madame la ducheſſe
du Maine, & c'étoit le plus difficile. A la premiere propoſition qui
lui en fut faite, elle ſe révolta, dit
que je lui étois néceſſaire, & qu'elle ne pouvoit conſentir à un éta-
bliſſement qui m'éloignoit d'elle.
Quelqu'avantageux qu'il me fût,
je ne voulois pas l'accepter contre ſon gré, & ne le pouvois guere avec bienſéance, ni ſans me
voir fruſtrée de toute récompen-

se d'un long service. Je demandai du temps pour gagner peu à peu son esprit, & pour la résoudre à cette séparation, que j'envisageois moi-même avec répugnance. J'en avois d'ailleurs à ce nouvel engagement; & je me plaisois à éluder une affaire trop bonne pour vouloir la manquer, & point assez séduisante pour en presser la conclusion.

Toute indignée que j'étois contre le chevalier de Menil, les sentimens que j'avois eus pour lui, cachés au fond de mon cœur, y agissoient encore sourdement, & contrebalançoient mes plus grands interêts. La nouvelle passion qu'il avoit prise pendant son exil en Anjou, pour une de ſes parentes, dont j'ai parlé avec le peu d'eſtime qu'elle méritoit, ne fit que m'apprendre ſa légéreté ſans exciter ma jalouſie. Ce voyage, & le ſéjour de ſept à huit mois qu'il fit en Suiſſe peu après ma ſortie de priſon, malgré la douleur que j'en reſſentois, dont toute ma diſſimulation à cet égard ne put lui dérober la connoiſſance, me convainquirent de ſon inſenſibilité pour moi. Son retour ſuivi d'un ſecond voyage en Anjou, autant fait pour m'éviter que pour retrouver mon indigne rivale ; ſa froideur & ſon embarras lorſque je le revis dans l'intervalle de ſes voyages ; l'aveu de ſon changement que je lui demandai, & qu'il m'accorda ; cet entier abandon de sa part de toute prétention sur moi, me rendoient bien le droit d'en disposer sans son aveu, mais ne m'en avoient pas encore acquis la possibilité. Je ne pus donc m'empêcher de sonder ses sentimens sur les premieres propositions qui me furent faites d'un nouvel engagement. Je lui écrivis en Anjou, où il étoit alors.

Sa réponse fut semblable à ces oracles mystérieux, dont les divers sens ne manquent pas de se prêter à ce que l'on désire. J'y vis du regret de me perdre, quelque espérance éloignée de renouer les anciens projets ; le tout recouvert d'une généreuse préférence de mes interêts à toute autre chose ; enfin plus de sentiment qu'on ne m'en avoit montré depuis long-temps. Et peut-être y avoit-il du vrai : il n'est rien de si indifférent qu'on ne tâche de resaisir au moment qu'il nous échappe.

Madame la duchesse du Maine avoit sçu, au retour de sa prison & avant que je fusse sortie de la mienne, ma liaison avec le chevalier de Menil & ses prétendus desseins. Elle m'en parla, quand je fus revenue, assez négligemment. Le peu de disposition que je lui vis à les favoriser, me piqua. Elle m'interdit de le voir chez elle, sous prétexte de sa proscription, & parut ne se prêter à rien de ce que je pouvois désirer à cet égard. Il me fut aisé de connoître qu'elle ne vouloit que me retenir auprès d'elle. Mais lorsqu'elle entendit parler des propositions de monsieur Dacier, elle parut vouloir favoriser mes anciens projets. Elle me dit qu'elle en avoit désiré le succès ; que les conjonctures ne lui avoient pas permis d'y travailler ; qu'elle n'étoit plus obligée à tant de circonspection ; que si je préférois ces premieres vues à celles qui se présentoient alors, elle ne manqueroit ni de volonté, ni de moyens pour les suivre ; qu'elle s'y employeroit d'autant plus, que cet établissement m'éloigneroit moins d'elle, & lui sembloit d'ailleurs infiniment plus agréable pour moi que celui dont il étoit queftion. Elle ne fe contenta pas de ces propos généraux ; elle entra en détail ; me dit qu'il pouvoit vaquer des places confidérables dans la maifon de monfieur le duc du Maine, qui feroient parfaitement bien remplies par le chevalier de Menil, fuppléeroient à ce qui pouvoit manquer à fa fortune, & lui ôteroient les prétextes qu'il avoit pris d'éluder fes engagemens avec moi.

Si je n'euffe été conduite que par mes lumieres, quelques médiocres qu'elles puffent être, j'aurois aifément découvert le piége.

Mais le sentiment toujours aveugle m'y fit donner. Je ne me rendis pourtant pas d'abord, toute
ébranlée que j'étois. Ma déféren-
ce aux conseils de mes amis me
soutenoit encore. Monsieur de
Valincourt & madame de Réal me
représentoient sans cesse les avantages réels de mon établissement
avec monsieur Dacier, le bien &
l'indépendance que j'acquérerois
du moins par la suite; & me pres-
soient de le conclurre. Il est vrai
que madame de Lambert, toute
moderne, peut-être par dégoût
d'un chef du parti opposé, me
peignit comme fort triste la vie
que je menerois avec monsieur
Dacier. Que ferez-vous, me dit-
elle,

elle, d'un homme tout hériffé de grec ? & quel cas fera-t'il de vous, qui n'en fçavez pas un mot ?

Cependant il employoit diverfes perfonnes pour folliciter, auprès de monfieur & de madame la ducheffe du Maine, leur confentement. Madame de Chiverny, de fes amies, pria madame la ducheffe d'Orléans d'en parler à madame la ducheffe du Maine. Le prince de Conti, auprès de qui il avoit accès, parla auffi en fa faveur. Tant de moyens inutilement employés, divulguerent l'affaire, & la rendirent publique. Elle fut généralement approuvée ; chacun m'en faifoit compliment, & même à madame la ducheffe du Maine,

qui ne le recevoit rien moins qu'a‑
gréablement.

Je voyois cependant monsieur
Dacier de temps en temps, ou
chez monsieur de Valincourt,
ou chez madame de Réal; il m'é‑
crivoit souvent, & s'attachoit de
plus en plus à moi. J'eus entr'au‑
tres une conversation avec lui,
dans laquelle il me marqua un em‑
pressement qui me fit reculer. Je
sentis l'inconvénient de trouver,
dans un mari, un dégré d'affection
auquel on ne peut répondre. J'é‑
tois allée à Paris; je revins à Seaux,
l'esprit tout rempli de cette idée.
Madame la duchesse du Maine en
profita sans le sçavoir; elle eut une
conversation avec moi sur ce su‑

jet, dans laquelle je lâchai pied. Elle la commença par des difcours remplis d'amitié, exagéra la néceffité dont je lui étois, le chagrin qu'elle auroit de mon éloignement, & enfin me dit : Vous n'avez pas fans doute une inclination invincible pour monfieur Dacier ; il ne s'agit que de fortune. A quoi peuvent monter les avantages qu'il vous fait ? Je les lui détaillai. C'eft peu de chofe, me dit-elle. Je puis faire & ferai beaucoup plus pour vous, fi vous me faites ce facrifice. Voyez ce que vous voudrez. Madame, lui-dis-je, je me fuis donnée à vous, & je ne m'y vendrai pas. Votre alteffe peut difpofer de moi, comme il lui plaira.

Ne songez plus à cette affaire, re-
prit-elle ; & moi , je songerai à
vous donner toutes sortes d'agrémens. En effet , elle multiplia
ceux qu'elle me donnoit déja, me
mit de ses promenades, me fit entrer dans ses parties de plaisirs, &
me traita à peu de chose près comme les dames de sa maison.

Monsieur de Valincourt fut très-
fâché que je me fusse désistée si légérement, & sans m'être assurée
de rien. Je crus qu'on n'en senti-
roit que mieux ce que j'avois fait.
Je n'aurois pourtant pas dû ignorer que la distraction des plaisirs ,
ou l'attention à de plus grands objets, empêchent les princes de se
souvenir de ces sortes de choses.

Cet ami zélé tâcha de me per-
fuader que ce que j'avois dit à madame la ducheffe du Maine n'é-
toit qu'un compliment, & voulut
encore fuivre cette affaire. Mais
monfieur Dacier, déja attaqué
d'un mal confidérable dès le temps
qu'elle fut entamée, fe trouva hors
d'état de répondre à fes vues, &
demanda à fon tour un délai. Je
fus le voir chez lui. Il quitta l'a-
cadémie où il étoit dans ce moment, pour me venir trouver. Il
monta vîte, & ne pouvoit prefque
plus parler. Le mal qu'il avoit dans
la gorge le fuffoquoit. Il me témoigna cependant encore un grand défir & beaucoup d'efpérance de vivre avec moi, Quoiqu'il me parût

dans un état bien dangereux, je fus infiniment surprise d'apprendre sa mort deux jours après cette visite.

Madame la duchesse du Maine, un peu déconcertée à cette nouvelle, me marqua le regret qu'elle avoit de m'avoir empêchée de profiter du bien qu'il vouloit me faire. L'estime & l'amitié qu'il m'avoit témoignée, me le firent encore plus regretter, que la foible espérance qui me restoit de renouer avec lui. J'eus tout le loisir de sentir l'irréparable faute que j'avois faite, de manquer une si belle occasion de me procurer le repos & la liberté.

Le chevalier de Menil, revenu

de fon fecond voyage, étoit plus éloigné de moi que jamais. Le peu de devoirs qu'il me rendoit lui étoient fi à charge, que je le priai de s'en difpenfer. Il fit peu de ré-fiftance, & nous ne nous vîmes que quand le hazard nous faifoit rencontrer; quelquefois chez madame de Menou fa parente & fon amie, avec qui j'avois fait connoiffance, & pour qui j'avois pris beaucoup d'eftime & d'amitié.

Cette autre parente d'Anjou, fi différente de celle-ci, vint à Paris. Il la logea chez lui, & fe paffionna pour elle à un excès qui fut connu de tout le monde. Il voulut que je la viffe : peut-être crut-il que c'étoit fa juftification; car je

ne penſe pas qu'il voulût s'hono-
rer du ſacrifice qu'il lui avoit fait
de moi. Quoiqu'il en ſoit, il l'engagea à me faire des prévenances
auſquelles je crus devoir répondre, pour n'en pas uſer avec elle autrement qu'avec une autre.
Peut-être auſſi ne fus-je pas fâchée
de conſidérer l'écueil où j'avois
échoué. Elle m'écrivit, me pria à
dîner chez monſieur de Menil
avec monſieur de Fontenelle &
d'autres gens de mes amis, lorſque je pourrois aller à Paris. J'y
fus, je la vis ; je la trouvai, comme
elle étoit, grande & bien faite,
point belle, encore moins jolie,
l'eſprit & les manieres de province ; les autres la virent de même.

Ce fut ma plus folide confolation de connoître à quoi tenoit l'attachement dont j'avois fait tant de cas; & je ne fongeai plus qu'à en effacer le trifte fouvenir. Parmi les diftractions qui s'offrirent à moi, celle qui tint plus de place dans mon efprit, vint du côté de monfieur de Silly. J'ai dit qu'il s'empreffa de me voir, quand je fortis de la baftille. L'efpece de luftre que j'y avois acquis, ne lui fut pas indifférent. Il me chercha quand je vins à Paris, & fut plus en relation avec moi qu'il n'y avoit encore été. Il étoit alors extrèmement occupé d'une grande paffion qu'il avoit prife pour une perfonne plus diftinguée par fon rang que par fa beauté. Séduit principalement par l'opinion de fon mérite, il s'étoit perfuadé qu'elle auroit été incapable de foibleſſe pour tout autre que pour lui. Cette victoire remportée fur la vertu qu'il n'avoit gueres trouvée en fon chemin, donna à fes fentimens plus d'ardeur que n'auroient fait d'autres charmes aufquels il étoit plus accoutumé. Il embelliſſoit chaque jour cet ouvrage de fon imagination des traits qui pouvoient mieux l'orner. Mais plus les illufions font flatteufes, plus leur deftruction eft piquante. Il s'apperçut ou crut s'appercevoir que cette femme, dont il fe croyoit l'unique objet, jettoit fes regards

fur d'autres. Ne pouvant fupporter le chagrin qu'il en conçut, il
me le confia, & toute fon aventure. Cette confidence me déplut.
J'y vis pourtant avec plaifir l'ignorance où il étoit de l'interêt que
j'aurois pu y prendre. Il me demanda confeil. Je lui dis que j'é-
couterois volontiers le recit de fes
peines & de fes fujets d'inquiétu-
te, parce que je m'intereffois à
lui; que ma façon de penfer ne me
permettoit rien de plus pour fon
fervice; que d'ailleurs, peu propre
à tous égards à ce dont il s'agiffoit, j'étois furprife qu'il eût voulu m'y faire entrer. Il me conjura,
par toute l'amitié que je lui avois
toujours témoignée, de vouloir du

moins l'entendre. J'y confentis, &
ce n'étoit pas peu faire; car il avoit
tant de chofes à dire qui portoient
toutes fur rien, & quand il les avoit
dites il les répétoit tant de fois,
que j'admirois ma patience à l'é-
couter. Il ne fe contentoit pas de
parler, il m'écrivoit des volumes.
Je ne pouvois douter qu'il n'eût
une paffion violente. Cependant
il prit la réfolution de la facrifier à
fa vanité, qu'il croyoit outragée. Il
me fit part de ce deffein. Je lui dis
d'y bien penfer ; & lorfque je l'y
vis affez affermi, je devins plus
complaifante à lui dire mon avis,
trouvant que les ruptures pouvoient être de ma compétence. Il
voulut entamer celle-ci par une

lettre, dont il me pria avec inſtan-
ce de lui donner le modele, parce
que le trouble de ſon eſprit le mettoit hors d'état d'écrire rien de
ſuivi. La tranquillité du mien n'é-
toit pas un moindre obſtacle pour
trouver ce qu'il falloit dire. Cependant l'envie de lui plaire, &
peut-être (quoique ſans prétention) le déſir de le détacher de
quelqu'un que j'aimois mieux qu'il
n'aimât pas, me fit faire une lettre
dont il fut content. Il la copia, &
l'envoya à la dame, qui en fut outrée, & demanda avec les dernieres inſtances de le voir. Il ne le
vouloit pas. Nouvel embarras
pour tourner ſon refus, & nouvelle priere qu'il me fit de lui four-

nir cette piéce. Celle-ci en attira une autre. J'étois embarquée, il fallut aller jusqu'au bout. Une femme de grande confidération dans le monde étoit dans la confidence de cette affaire, & s'y étoit prétée, à ce qu'elle préten- doit, pour fauver la réputation de fon amie, & la garantir de fa pro- pre imprudence.

Monfieur de Silly fort lié avec elle avoit pris le temps de fon ab- fence pour rompre avec fa proté- gée. Celle-ci écrivit fon défaftre à leur amie commune, qui adreffa une lettre fulminante à l'amant dé- ferteur. Il me l'envoya, & voulut encore que j'y répondiffe. Tout cela fe paffoit pendant que j'étois à Seaux, où je recevois tous les jours des couriers de sa part, avec des missives sans fin. Rien ne m'a si bien fait connoître l'invincible pouvoir qu'une premiere inclination avoit laissé prendre sur moi, que la complaisance avec laquelle je suivis le cours de cette affaire.

La dame confidente revint de la campagne. J'étois fort de ses amies. Elle sçavoit mes liaisons avec monsieur de Silly, & me fit des plaintes de lui, m'assurant qu'il n'avoit fait que jouer la personne à qui elle s'interessoit. Je lui dis que je croyois sçavoir bien le con-traire. Ah ! dit-elle, si vous aviez vu les lettres qu'il lui a écrites, vous seriez convaincue qu'il n'a

jamais eu le moindre sentiment pour elle. Effectivement elles ne partoient pas d'un cœur fort touché ; mais aussi ce n'étoit pas lui qui les avoit faites.

Cependant la maîtresse abandonnée ne pouvant obtenir l'entretien qu'elle lui demandoit, & ayant sçu que nous avions fait partie d'aller dîner chez son amie & la nôtre, dans une maison de campagne qu'elle avoit près de Paris, elle s'y trouva. Je fus extrèmement surprise de cette rencontre ; & plus encore de ce que, sans prétexte ni mesure, elle emmena M. de Silly dans le jardin quand on fut hors de table ; & l'y retint si long-temps, qu'enfin l'heure où je devois

vois

vois me rendre à Seaux approchant, & lui s'étant chargé de m'y
remener, je fus obligée de l'en
faire avertir. Il n'arrivoit pourtant
point. J'en marquois mon embarras à la maîtresse de la maison. Elle
en ressentoit plus que moi, de me
voir témoin d'une scène si ridicule
qui se passoit chez elle, & dont elle
n'ignoroit pas le jugement que je
porterois. Comme elle vit que les
messages étoient inutiles, elle fut
elle-même avec moi dans le jardin les chercher, pour rompre
l'entretien. Nous le trouvâmes encore fort animé, quand nous les
joignîmes ; ce n'étoit pas par l'a-
mour, mais par des passions plus
violentes. La femme étoit à moi-

tié échévelée, & ne reſſembloit pas mal à une furie. Son amant gardoit un ſens froid plein de reſ-ſentiment.

Il me remena, & m'apprit qu'il n'avoit été convaincu de rien de ce qu'elle lui avoit dit pour ſa dé-fenſe; qu'elle avoit refuſé de ſe ſoumettre à ce qu'il exigeoit d'el-le pour le garantir de nouveaux ſoupçons; & qu'il étoit plus affer-mi que jamais dans ſes premieres réſolutions. En effet, il réſiſta à toutes les attaques, & ne renoua point avec elle; mais il en demeu-ra ſi occupé, qu'il ne ceſſoit de m'écrire toutes ſes démarches, & d'y joindre de longs commentai-res. Il y en eut quelques-unes qui l'offenſerent ; & dans ſon dépit, il fit , quoiqu'il n'en eût jamais fait , des vers fort piquans contr'elle, qu'il m'envoya en me marquant le deſſein où il étoit de les répandre. Je m'y oppoſai ſi fortement, qu'il céda à mes raiſons. Il continua longtemps de m'entretenir & de m'écrire ſur ce ſujet. Les peintures naïves qu'il me faiſoit des divers mouvemens de ſon ame, m'intereſſoient. Je l'écoutai, & lui répondis, tant qu'il eut à parler.

Il garda les lettres que je lui avois écrites ſur cette affaire, & preſque toutes celles qu'il avoit eues de moi depuis ma priſon. Il avoit pris des meſures pour me les faire rendre avec beaucoup d'autres papiers, fi je lui furvivois. Ils m'ont été fidelement remis après le tragique événement de fa mort.

Le refte de ma vie, quoique long, ne contient prefque plus rien dont le récit m'intereffe. Je n'avois plus de relation avec le chevalier de Menil. Quelques idées que j'avois eues de récompenfer le fidele attachement du pauvre Maifonrouge, & d'unir mon fort au fien, furent déconcertées par fa mort. Une maladie de langueur qui lui prit peu après notre féparation, l'obligea l'année fuivante d'aller prendre l'air & les eaux de fon païs, où il mourut.

Je le regrettai infiniment plus que
que je n'avois sçu le priser.

Je me vis dénuée de tout objet.
Le défaut de sentiment me fit
tomber dans une espece d'anéan-
tissement pire que l'entiere cessa-
tion de la vie. Je la pris en dégoût, & le monde en horreur. Je
ne désirois plus que de m'en séques-
trer. M. de Valincourt, toujours
de mes amis, mais que sa grande
dévotion tenoit presque dans une
continuelle retraite, approuva
non seulement le dessein de la
mienne dont je lui fis confidence, mais travailla à m'en procurer
les moyens. Il sollicita, dans cette
vue, une petite pension pour moi,
qu'il obtint. Mais comme la né-

gociation en fut longue , les obf-
tacles qui furvinrent , fufpendi-
rent mon projet. Madame la ducheffe du Maine tomba dangereu-
fement malade , & fut longtemps
à fe rétablir. Elle me témoigna
tant de confiance & d'amitié dans
cette occafion , où je fis de mon
côté tout ce qui fe pouvoit faire,
que je ne fçus plus comment lui
annoncer mon deffein. Je penfai
que le temps pourroit amener
quelque conjonĉture plus convenable. Je continuois de rouler cette idée dans mon efprit , lorfque
le chevalier de G. . . . , qui s'étoit
donné pour attaché à moi avant
mon féjour à la baftille , & à qui
je confiai, quand j'en fortis , que

j'avois pris des engagemens plus férieux, m'entretint de l'idée qu'il avoit qu'un homme attaché dans notre maifon par plufieurs liens, avant que j'y fuffe, étoit alors touché pour moi de fentimens plus forts que l'eftime ordinaire. Il me dit qu'il l'avoit entendu parler en des termes qui ne lui permettoient pas d'en douter.

Quoique nous vécuffions en même lieu, nous n'avions nul commerce enfemble. Son humeur fiere le rendoit peu fociable, je n'étois point prévenante; & nous ne nous parlions prefque jamais. J'en faifois cas pourtant. On fentoit en lui une exacte & délicate probité. Son courage à rifquer de dé-

plaire en difant vrai , fon exemp-
tion de flatterie , vertus auffi rares dans les petites cours que dans
les grandes ; tout cela joint à des
fentimens nobles , à une réputation avantageufe dans fon métier
d'homme de guerre , lui avoit acquis mon eftime. Quoique je re-
gardaffe comme une vifion ce
qu'on m'avoit dit de fa prévention pour moi , j'en eus plus d'attention pour lui. Curiofité de m'en
éclaircir ; ennui de mon oifiveté ;
penchant à fe reprendre à quelque chofe, quand on ne tient plus
à rien ; le tout fi bien caché dans
les fecrets replis de mon ame , que
je ne m'en doutai pas , me porta
à lui faire quelques prévenances ;

à profiter des occasions de l'entretenir, que bientôt il fit naître, en
cherchant les lieux où il pouvoit
me rencontrer. C'étoit l'été, nous
étions à Seaux ; & j'allois tous les
soirs me promener seule dans un
parterre, sous les fenêtres du château. Il s'accoutuma à m'y venir
joindre si réguliérement, qu'il ne
se passoit pas de jour que nous
ne nous entretinssions assez longtemps. La premiere fois qu'il y
manqua, je sentis un trouble que
je ne connoissois plus. Je com-
mençai à craindre les horreurs d'u-
ne nouvelle passion. Disposée naturellement & accoutumée par un
long usage à m'attacher, je n'avois
plus la force de me passer de cette

espece de soutien : mais alors je sçavois qu'un tel appui chancelant lui-même, tombe sur celui qui s'y repose, & ne manque guere de l'é-craser. La contrariété qui se trou-voit entre mes connoissances fon-dées sur l'expérience, & le pen-chant qui m'entraînoit, me mirent dans un état violent. Je réso-lus d'étouffer dans sa naissance ce sentiment qui m'effrayoit ; je lui trouvai plus de force que je ne lui en croyois ; il en prit même de nouvelles, des efforts que je fis pour le combattre. En voulant éviter l'objet qui me devenoit re-doutable, j'affermis son idée dans mon esprit, de telle sorte, qu'elle devint comme un point fixe que je ne puis comparer qu'à ce qu'on éprouve dans le tranſport au cerveau, d'une idée qui nous perſécute ſans relâche. J'en fis dèslors la comparaiſon, & j'en tirai de fâcheux pronoſtics.

Le ſoin de fuir me fit plus rechercher; ce que je dis pour rompre tout commerce, donna des indices de mes ſentimens. Le cœur ne manque guere de trahir la raiſon, quelque leçon qu'il en ait reçue. Cette découverte donna plus d'activité aux empreſſemens qu'on avoit pour moi : la vanité s'y mêla, & prit toutes les apparences du ſentiment. Je m'y mépris, comme il arrive ordinairement : mes liens en devinrent plus

forts ; j'en connus mieux la néceffité de les rompre. Le caractère
& la fituation de la perfonne dont
il s'agiffoit , ne me laiffoient rien
entrevoir qui pût autorifer cette
nouvelle paffion. Elle me tyran-
nifa , fans me foumettre ; m'aigrit
contre moi-même , & ne me fit
éprouver que des amertumes.

Madame de Réal me vint voir
à Seaux au fort de mon défefpoir.
Quelque confiance que j'euffe en
elle, je voulois lui cacher une foibleffe que le nombre de mes années, & les triftes expériences que
j'avois faites , rendoient impar-
donnable. Elle s'apperçut de mon
trouble , me preffa de lui en apprendre la caufe : je ne lui répon-

dis que par mes larmes ; elles la mirent fur la voie. Je vois, me dit-elle, que, laffée de votre in-différence, vous avez pris quel-que goût que vous défapprouvez ; & pour qui ? Elle me nomma un jeune prince fort aimable. Hélas ! non, lui dis-je ; mes inclinations font bizarres : je fuis accoutumée d'aimer des gens qui ne me plai-fent pas. En effet, l'homme à qui je m'étois attachée, n'étoit point propre à plaire. Il avoit pourtant fait des conquêtes brillantes ; mais la vanité qu'il en avoit tirée, jointe à celle qui lui étoit naturelle, af-fortie à une humeur féche & iné-gale, rendoient à peine fes vertus fupportables. J'achevai ma confidence à madame de Réal ; & je lui dis que, quand je devrois périr, j'arracherois de mon cœur des fentimens qui ne pouvoient me conduire à rien de convenable, & ne feroient que la honte & le malheur de ma vie.

Ma réfolution étoit ferme ; mais l'exécution en étoit difficile, dans un lieu où je me voyois affiègée par celui que je voulois fuir, & qui, connoiffant ma foibleffe, étoit fi à portée d'en triompher. Je penfai donc qu'il falloit abandonner ce terrein dangereux, & faire une véritable retraite. Mais comment, & fous quel prétexte l'annoncer à ma princeffe ? Comment foutenir fa colère & fes reproches, n'ayant point de raiſons apparentes à lui alléguer ? Pour echapper à tant d'embarras, il me vint dans l'eſprit de me jetter aux Carmelites, ſans laiſſer rien preſ-ſentir de mon deſſein. Je penſai que, renfermée-là, j'y ſoutien-drois les attaques ſous de ſurs rem-parts qu'on ne pourroit forcer.

La comteſſe de Braſſac attachée à notre maiſon, avec qui j'étois en liaiſon, y avoit un appartement où elle paſſoit une partie de ſa vie. Je l'y allai voir à ſon parloir ; je la priai de me faire connoître quel-ques religieuſes de ſes amies, dont elle me parloit ſouvent comme de filles de beaucoup d'eſprit. J'en entretins trois ou quatre, qui me

parurent d'excellente compagnie.
Je regardai leur société comme
une reffource pour fupporter l'au-
ftérité de leur vie, & je m'affermis dans ma réfolution. J'en fis
part à madame de Braffac; fa grande dévotion la lui fit approuver,
quoiqu'elle prévît le mauvais gré
que lui en fçauroit madame la ducheffe du Maine. Peu de jours
après, je me mis dans un carroffe
de notre maifon, qui l'alloit chercher, pour y venir paffer la foirée.
Je fus comme pour la recevoir à
la porte du couvent; & lorfque
je la vis ouverte, j'entrai, & lui
dis que j'y voulois demeurer; &
que je la priois de dire à madame
la ducheffe du Maine, qu'ayant

pris

pris cette réfolution, je n'avoîs pas eu le courage de la lui décla-rer, ni de foutenir les efforts qu'el-le auroit pu faire pour la combat-tre.

La prieure & quelques religieu-fes, qui avoient accompagné ma-dame de Braffac jufqu'à la porte, étoient là. Ma démarche les fur-prit auffi bien qu'elle, qui ne s'at-tendoit pas que je vouluffe fitôt exécuter ce deffein. Après être revenues du premier étonnement, elles me demanderent fi j'en avois affez délibéré. Je leur dis que je le croyois, & qu'il me fembloit que le trop d'examen dans ces fortes de chofes en affoibliffoit la réfolu-tion ; que je les priois de me recevoir dans ce moment-ci ; que je ne pouvois répondre de me trouver difposée de même dans un autre. Cette réponfe les fit douter que ma vocation fût certaine. La prieure, fille fage & éclairée , me dit qu'il lui paroiffoit plus à propos que j'y penfaffe encore ; que, fi j'étois véritablement appellée à cet état, les réflexions ne serviroient qu'à m'y porter ; que, fi elles m'en détournoient, il valoit mieux que je les fiffe plutôt que trop tard. J'infiftai avec force ; mais la prieure tint ferme : les autres religieufes & madame de Braffac l'approuverent, & toutes convinrent qu'il falloit différer. Je m'en retournai donc avec madame de Braffac , qui ne fçavoit fi elle avoit bien ou mal fait. Je demeurai perfuadée qu'en différant, c'étoit tout rompre. Je me fentois trop foible, pour attendre toujours de moi un pareil effort.

Je crus pourtant que ce parti, quoique manqué, intimideroit celui qui me l'avoit fait prendre. Je lui appris le rifque que j'avois couru, pour l'engager à ne m'y plus expofer : il en fut frappé, & fe tint plus loin de moi. J'en fouffrois davantage, & ne me détachois pas de lui : il le voyoit, & fe rapprochoit. Je formois de nouveaux deffeins pour m'en féparer tout-à-fait.

Nous avions à Seaux dans ce

temps-là madame du D... Elle me prévint avec des graces auſquelles on ne réſiſte pas. Perſonne n'a plus d'eſprit, & ne l'a ſi naturel. Le feu pétillant qui l'anime, pénétre au fond de chaque objet, le fait ſortir de lui-même, & donne du relief aux ſimples linéamens. Elle poſſéde au ſuprême dégré le talent de peindre les caractères ; & ſes portraits, plus vivans que leurs originaux, les font mieux connoî-tre que le plus intime commerce avec eux.

Elle me donna une idée toute nouvelle de ce genre d'écrire, en me montrant pluſieurs portraits qu'elle avoit faits. Le mien s'y trouva ; mais un peu de prévention & trop de politeſſe l'avoient, contre ſon ordinaire, écartée du vrai. J'entrepris de le faire moi-même pour luï prouver ſa mépri-ſe, & je le lui donnai tel qu'on le voit là.

PORTRAIT DE L'AUTEUR,

Fait par elle-même.

LAUNAY eſt de moyenne «
taille, maigre, ſéche & déſa- «
gréable. Son caractere & ſon «
eſprit ſont comme ſa figure ; il «
n'y a rien de travers, mais aucun «
agrément. Sa mauvaiſe fortune «
a beaucoup contribué à la faire «
valoir. La prévention où l'on eſt «
que les gens dépourvus de naiſ- «

» fance & de bien ont manqué d'é-
» ducation , fait qu'on leur fçait
» gré du peu qu'ils valent : elle en
» a pourtant eu une excellente ,
» & c'eft d'où elle a tiré tout ce
» qu'elle peut avoir de bon, com-
» me les principes de vertu , les
» fentimens nobles , & les régles
» de conduite, que l'habitude à les
» fuivre lui ont rendus comme na-
» turels. Sa folie a toujours été de
» vouloir être raifonnable ; & com-
» me les femmes qui fe fentent
» ferrées dans leur corps , s'imagi-
» nent être de belle taille , fa rai-
» fon l'ayant incommodée , elle a
» cru en avoir beaucoup. Ce-
» pendant elle n'a jamais pu fur-
» monter la vivacité de fon hu-

meur , ni l'affujettir du moins à «
quelqu'apparence d'égalité ; ce «
qui fouvent l'a rendue défagréa- «
ble à fes maîtres , à charge dans «
la fociété , & tout-à-fait infup- «
portable aux gens qui ont dé- «
pendu d'elle. Heureufement la «
fortune ne l'a pas mife en état «
d'en envelopper plufieurs dans «
cette difgrace. Avec tous ces «
défauts , elle n'a pas laiffé d'ac- «
quérir une efpece de réputation, «
qu'elle doit uniquement à deux «
occafions fortuites , dont l'une «
a fait connoître ce qu'elle pou- «
voit avoir d'efprit , & l'autre a «
fait remarquer en elle de la dif- «
crètion & quelque fermeté. Ces «
événemens ayant été fort con- «

I iv

» nus, l'ont fait connoître elle-
» même, malgré l'obfcurité où fa
» condition l'avoit placée, & lui
» ont attiré une forte de confidé-
» ration au-deffus de fon état.
» Elle a tâché de n'en être pas plus
» vaine; mais la fatisfaction qu'elle
» a de fe croire exempte de vani-
» té, en eft une.

» Elle a rempli fa vie d'occu-
» pations férieufes, plutôt pour
» fortifier fa raifon, que pour or-
» ner fon efprit, dont elle fait peu
» de cas. Aucune opinion ne fe
» préfente à elle avec affez de
» clarté, pour qu'elle s'y affec-
» tionne, & ne foit auffi prête à
» la rejetter qu'à la recevoir; ce
» qui fait qu'elle ne difpute guere,

fi ce n'eſt par humeur. Elle a «
beaucoup lu, & ne ſçait pourtant «
que ce qu'il faut pour entendre «
ce qu'on dit ſur quelque ma- «
tiere que ce ſoit, & ne rien dire «
de mal à propos. Elle a recher- «
ché avec ſoin la connoiſſance de «
ſes devoirs, & les a reſpectés «
aux dépens de ſes goûts. Elle «
s'eſt autoriſée du peu de com- «
plaiſance qu'elle a pour elle-mê- «
me, à n'en avoir pour perſonne; «
en quoi elle ſuit ſon naturel in- «
flexible, que ſa ſituation a plié «
ſans lui faire perdre ſon reſſort. «

L'amour de la liberté eſt ſa «
paſſion dominante ; paſſion très- «
malheureuſe en elle qui a paſſé «
la plus grande partie de ſa vie «

» dans la servitude : aussi son état
» lui a-t'il toujours été insupporta-
» ble, malgré les agrémens inef-
» pérés qu'elle a pu y trouver.

» Elle a toujours été fort sensi-
» ble à l'amitié ; cependant plus
» touchée du mérite & de la ver-
» tu de ses amis, que de leurs sen-
» timens pour elle : indulgente
» quand ils ne font que lui man-
» quer, pourvu qu'ils ne se man-
» quent pas à eux-mêmes. «

Je passai plusieurs années dans
les pénibles alternatives que j'ai
marquées, sans être un moment
d'accord avec moi-même. Je perdis pendant ce temps-là les per-
sonnes qui m'étoient les plus che-

res ; le marquis de Silly, par une mort affreufe, dont je ne veux pas renouveller le fouvenir. Un an après, madame de Réal, qui faifoit toute ma confolation, mourut. Madame de Grieu fa tante, qui nous avoit élevées l'une & l'autre avec tant de tendreffe, la fuivit de près. Je perdis auffi monfieur de Valincourt, le feul véritable ami qui me reftât. Je me trouvai ifolée de tous côtés. Ces liens qui m'attachoient encore au monde, étant rompus, j'en pris un dégoût qui, joint à d'autres que je reçus de ma princeffe, me porta plus fortement que jamais à l'entiere retraite ; non plus aux Carmelites, dont la vie trop auftere me parut, à l'examen,

difproportionnée à mes forces, &
peut-être à mon zèle. Je penfai à
retourner à faint Louis à Rouen.
L'affection que l'on conferve pour
les lieux où l'on a paffé fa jeuneffe,
me donna une grande préférence
pour celui-là. J'en parlai à madame de Buffi, femme d'un excellent
efprit, avec qui je m'étois intime-
ment liée depuis que j'avois perdu madame de Réal : elle avoit
mon entiere confiance , & voyoit
que je ne pouvois par aucun autre
moyen rompre les liens qui faifoient le malheur de ma vie. Elle
approuva que je fiffe l'effai du parti que je voulois prendre.

Je témoignai à madame la ducheffe du Maine le défir que j'a-

vois de revoir un lieu où j'avois passé la plus grande partie de ma vie ; & lui demandai, avec de grandes inftances, de m'y laiffer faire un voyage & quelque féjour. Elle fe révolta contre cette propofition. Cependant, à force de perfévérance, j'obtins mon congé; mais ce ne fut qu'en promettant avec ferment de revenir. Elle foupçonna que ce voyage pouvoit couvrir un deffein de retraite, & voulut me faire expliquer fur ce point. Je lui avouai que j'avois du goût pour la folitude , & que j'avois toujours défiré de finir ma vie où je l'avois commencée. Elle exigea de ma part de nouveaux fermens de renoncer à ce projet. Je ne voulus

promettre que le retour du voyage que j'allois faire.

Je partis avec la joie qu'on a d'a-
voir furmonté, quoique dans une
petite chofe, de très-grandes difficultés. Celles que j'avois trou-
vées du côté de ma princeffe n'é-
toient pas les feules. L'homme
dont je voulois m'éloigner avoit
tout mis en œuvre, hors ce qu'il
y falloit mettre, pour me retenir.
J'avois fait parler à l'abbeffe, que
je ne connoiffois pas, par une re-
ligieufe de mes amies, à qui j'a-
vois écrit plufieurs lettres fur mes
vues préfentes, & fur celles que
je pourrois avoir à l'avenir. Je
fus reçue dans le couvent avec des
tranfports de joie, dont il n'y a que

des religieuses qui soient capables. Celles-ci avoient gardé un souvenir de moi bien plus vif que celui que j'avois conservé d'elles. Leur excessif empressement me fut à charge. L'abbesse me prit en gré, voulut que je fusse sans cesse avec elle. J'allois-là pour être à moi ; je m'y trouvai plus livrée aux autres qu'au milieu du monde. Les mêmes passions, les mêmes mouvemens qui agitent les grandes cours, se retrouvant dans ces petits états monarchiques, on y voit jouer avec moins d'adresse les mêmes ressorts, & pour des objets dont la petitesse ajoute le dégoût à l'importunité des tracas. Je ne trouvai rien moins que cette demeure folitaire & tranquille où tendoient mes défirs. Je penfai qu'un lieu où je ne ferois ni connue ni fêtée, feroit plus conforme à mes vues, & j'abandonnai le deffein de me fixer en celui-là. J'y fus environ fix femaines, & je revins à Seaux acquitter ma parole. Je n'y fus pas trop bien reçue. Cet effai de liberté que j'avois fait, avoit déplu.

Madame la ducheffe du Maine craignant que je ne vouluffe enfin rompre les liens qui m'attachoient à elle, fongea à les redoubler. Elle combattit d'abord mes idées de retraite; voulut en pénétrer toutes les raifons; me donna lieu d'alléguer les embarras & les dégoûts où m'expofoit fans ceffe la fitua-

tion

tion équivoque où j'étois auprès d'elle. Les distinctions qu'elle m'avoit accordées, depuis que j'avois quitté le titre & les fonctions de femme de chambre, n'avoient pas des limites précises. Je ne sçavois presque jamais si j'étois dedans ou dehors. Pour peu que je les pasfasse, ou sans m'en appercevoir, ou par ordre de sa part ; les mines & les murmures de ses dames, attentives à la distance qui devoit être entr'elles & moi, m'y faisoient désagréablement rentrer. Je lui présentai ces inconvéniens comme une excuse du parti que je songeois à prendre : quoique ce n'en fussent pas les véritables motifs, ils étoient plus propres à la frapper qu'aucun autre. Elle me dit qu'il y avoit moyen d'y remédier, en me faisant épouser un homme de condition qui me mettroit de niveau à toutes les dames de sa cour; que les charges que possé-doit monsieur le duc du Maine le mettoient à portée de faire la for-tune de beaucoup de gens; qu'on trouveroit sans peine quelqu'offi-cier sous les ordres de ce prince, qui, pour son avancement, enten-droit à ce mariage; qu'elle alloit chercher quelqu'un propre à rem-plir ses vues à cet égard, & qui d'ailleurs me conviendroit. Je crus que la découverte n'en seroit pas facile; que j'aurois le temps & les moyens d'éluder, si le parti ne

m'étoit pas affez avantageux ;
qu'en cas qu'il le fût, cela vau-
droit mieux que mon état préfent;
que la néceffité de partager mes
devoirs, me procureroit une forte
de liberté; & que je trouverois
dans cet engagement, par ma façon de penfer, des barrieres auffi
fortes contre mes propres foiblef-
fes, que les murs d'un couvent.
Loin donc de m'oppofer à la bonne volonté de madame la ducheffe
du Maine, je lui témoignai de la
reconnoiffance du foin qu'elle
vouloit prendre de mon établiffement.

Il s'en étoit préfenté quelques-
uns, depuis que j'avois manqué
monfieur Dacier; mais les incon-

véniens que j'y avois remarqués ,
m'avoient empêché de les accepter. Un homme entr'autres qui
m'avoit longtemps vue du vivant
de sa femme avec qui j'étois en
étroite liaison , m'offrit peu après
sa mort , par pure estime, de partager sa fortune avec moi. Elle avoit
été grande du côté du bien ; mais
ses affaires étoient alors si déla-
brées , que je ne pus me résoudre
d'entrer dans cette espece de la-
byrinthe où l'on ne voyoit point
d'issue.

Je fis encore naître une passion ,
longtemps après y avoir renoncé ,
& dans un âge où l'on n'en inspire
plus. Un homme de province, que
je vis par hazard , s'imagina, sui-

vant le peu de connoiſſance qu'il avoit du monde, qu'une perſonne établie dans une cour, favoriſée d'une princeſſe, n'avoit qu'à vouloir pour faire la fortune de quelqu'un. Il étoit employé depuis longtemps dans des affaires de finance, & aſpiroit à une place conſidérable dans ce genre. Cet homme m'enviſagea ſous l'aſpect d'une puiſſante protection, & comme une perſonne qu'il pourroit engager à le ſervir, par les offres conſidérables qu'il lui feroit. Il ne m'en dit rien d'abord : Mais peu après il m'adreſſa une longue lettre fort bien écrite, dans laquelle il m'expoſoit ſes vues; la place qu'il ſouhaitoit; ſes raiſons d'y prétendre ; fes moyens d'y parvenir ; & fes intentions de reconnoître mes fervices par une fomme ou penfion confidérable , dont je pourrois gratifier qui je voudrois. Je lui marquai dans ma réponfe , que je n'avois nul crédit, & encore moins de volonté de le vendre , fi j'en avois , pour quelque prix que ce pût être. En effet , dans des cas où j'étois plus à portée de réuffir , j'ai toujours regardé ces fortes de propofitions avec le mépris qui leur convient.

La franchife & les fentimens honnêtes dont ma lettre étoit remplie , toucherent fenfiblement celui à qui elle s'adreffoit. Il y répliqua , & changea l'offre qu'il m'avoit faite en celle de fa perfonne , fi fa fortune pouvoit devenir affez bonne pour me la faire agréer , ou même telle qu'elle étoit , s'il ofoit me l'offrir. Je répondis encore avec la même fincérité , en lui faifant voir qu'il ne pouvoit rien attendre de moi pour fa fortune ; & que n'y pouvant contribuer , j'aurois mauvaife grace d'en accepter le partage. Il fit de nouvelles inftances , qu'il accompagna d'un détail exact des biens dont il jouiffoit , de la valeur de fes emplois , des avantages qu'il pouvoit me faire , & des grandes efpérances qu'il avoit, tant fur une entreprife confidérable dans laquelle il étoit entré , que fur le crédit des gens

K iv

puiſſans dont il étoit protégé. J'entrevis dans ce qu'il me préſentoit aſſez de convenance pour y faire attention. Je remarquai en lui beaucoup de probité, de l'eſprit ſans apprêt & ſans culture, des ſentimens nobles & vertueux, & tant d'eſtime pour moi, que je ne pus me diſpenſer de lui en ſçavoir gré ; je n'allai pas plus loin.

Il vint à Paris, y paſſa quelques jours, me vit, me témoigna l'attachement le plus reſpectueux, & le plus grand déſir d'unir ſon fort au mien. Je lui fis comprendre que dans ma ſituation, à l'âge où j'étois parvenue, on ne me pardonneroit de changer d'état que pour une fortune qui paroîtroit extrèmement avantageuſe , & qu'enfin j'étois comme ces antiques, qui augmentent de prix par leur ancienneté.

Il m'expliqua l'entrepriſe dans laquelle il avoit engagé la plus grande partie de ſon bien. Il s'en promettoit des ſommes immenſes, & en croyoit le ſuccès infaillible : J'en jugeai autrement, & me gardai de prendre aucun engagement ſur des apparences ſi équivoques. En effet, l'affaire échoua, & entraîna ſa ruine ; d'autres diſgraces s'y joignirent, & ſon malheur fut complet. Je m'y trouvai d'autant plus ſenſible, que je crus l'avoir aggravé par le déſeſpoir où je le vis de n'avoir plus rien à m'offrir. Je regrettai de n'être point à portée de réparer ſes infortunes, & de reconnoître ſes ſentimens généreux, ou par moi-même, ou par quelqu'autre moyen. Je n'eus pas même la ſatisfaction de pouvoir rien faire pour lui, dans quelques occaſions qu'il me préſenta de le ſervir.

D'autres partis me furent offerts qui ne me convinrent point. L'un étoit un homme aſſez riche, d'une condition médiocre, qui vivoit à Paris fort retiré, & vouloit une femme raiſonnable pour lui tenir compagnie. Je doutai, ne le connoiſſant pas, que je m'accommodaſſe de la ſienne. Il falloit conclure ſans examen : je refuſai.

Une dame de mes amies m’en proposa encore un autre. C’étoit un gentilhomme d’environ cinquante ans, qui avoit quitté depuis peu le service, vivoit en province dans une jolie terre ; y habitoit une maison bien bâtie & bien meublée. Celui-là, je le vis chez la personne qui m’en avoit parlé. Il étoit d’une assez belle figure & d’un bon maintien ; il ne me trouva pas si décrépite qu’il me croyoit. Content d’ailleurs du peu de bien que je possédois (car les amis que j’avois perdus, m’avoient laissé des marques de leur amitié), il dit à son amie qu’il étoit prêt à conclure, pourvu que je n’eusse point de répugnance à passer ma vie dans son château.

Je consultai sur cette proposition madame de Buffy, à qui j'a-
vois fait part de toutes les autres,
qu'elle n'avoit pas goûtées, & qui
feule fçavoit ce qui me les faifoit
écouter. Je lui mandai fur celle-
ci (elle étoit abfente), qu'à la vérité c'étoit me jetter par la fenêtre ; mais que j'y vifois depuis longtemps. Elle me répondit que cette
fenêtre lui paroiffoit au dixiéme é-
tage, & qu'elle voudroit du moins
que je ne me jettaffe pas de fi
haut ; me repréfenta que, de me
claquemurer ainfi avec quelqu'un
que je ne connoiffois pas, incapable peut-être de me connoître
& plus encore de me plaire, c'é-
toit le moyen d'amener au fens

littéral l'expreſſion figurée ſous laquelle je lui avois préſenté ce parti ; qu'elle ne l'approuveroit donc qu'en cas qu'il conſentît que je partageaſſe ma vie entre Paris & ſa province. Je ſuivis ce con-ſeil, & fis dire à l'homme dont il s'agiſſoit, qu'étant auſſi attachée que je l'étois à madame la ducheſ-ſe du Maine, je ne pouvois me réſoudre à la quitter ſans retour ; ni à prendre un engagement au-quel elle ne conſentiroit jamais ſous de telles conditions. Il répon-dit que, ſi je voulois conſerver d'au-tres liens que ceux que je pren-drois avec lui, je ne pouvois lui convenir. Cette réponſe me per-ſuada qu'il ne me convenoit pas non plus , & je rompis.

Madame la ducheſſe du Maine ne ſçut rien de tous ces projets avortés. Cependant elle avoit chargé madame de Surl...., femme d'un officier Suiſſe , de mes amies & fort attachée à elle , de chercher quelqu'un dans le corps Helvétique , commandé par mon-ſieur le duc du Maine , qui voulut prendre une femme ſans naiſſan-ce , ni bien , ni beauté , ni jeuneſ-ſe. A peine les treize cantons pou-voient ſuffire à cette découverte. Auſſi la dame y employa-t'elle un long-temps ; & je ne penſois plus à ſa miſſion , lorſqu'un jour étant venue à Seaux , elle me dit : Je crois avoir trouvé , par hazard , l'homme que nous cherchions. Ne fongeant qu'à me promener, j'ai accompagné monfieur de Surl... chez un officier de fa nation qui demeure dans le voifinage d'une campagne où j'étois. Là, j'ai trouvé une petite maifon neuve & propre, entourée de troupeaux de vaches & de moutons. Le maître du logis, qui n'eft pas jeune, m'a plû par une phifionomie avantageufe. C'eft un homme de condition, veuf, qui vit dans cette retraite avec deux de fes filles. Elles paroiffent douces & raifonnables, & tout occupées des foins de leur ménage. Il eft peu avancé, quoiqu'il ferve depuis longtemps & qu'il ait bien fait fon devoir, parce qu'il s'eſt tenu à l'écart, & que le mérite qui ne cherche pas à ſe produire eſt rarement démêlé : mais, ajouta-t'elle, j'ai penſé qu'une protection qui le feroit valoir, ſans qu'il s'en donnât la peine, lui feroit fort agréable : & ſi madame la ducheſſe du Maine juge à propos que je lui faſſe parler, je ne doute point, par tout ce qui m'en eſt revenu ſur les informations que j'ai faites, que la propoſition ne ſoit bien reçue de ſa part, & que ce ne ſoit pour vous une affaire des plus convenables. C'eſt un homme bien né, qui a peu vécu dans le monde, & n'en a point pris les vices. Il jouit d'une petite terre, cultivée par ſes ſoins, à deux lieues de Paris.

ris. Joint à cela ce que lui vaudra la protection de monfieur le
duc du Maine , vous ferez l'un &
l'autre fort à votre aife.

Pendant qu'elle me tenoit ce
difcours , il fe préfenta à mon efprit un tableau de la vie champê-
tre , dont le contrafte avec la mienne relevoit chaque objet , & m'en
faifoit admirer les graces douces &
naïves. Je prenois alors du lait ,
& rien ne me parut plus fatisfaifant
que d'avoir des vaches fous fa
main. L'orgueil des hommes prend
foin de leur dérober les chétives
circonftances qui ont aidé à les
déterminer dans les occafions les
plus importantes ; & ce n'eft que
par une recherche exacte & diffici-

le qu'on les retrouve. Me voilà donc toute passionnée pour le nouveau genre de vie que je croyois mener.

J'approuvai qu'on parlât à madame la duchesse du Maine des vûes qu'on m'avoit communiquées. Elles les goûta ; & il fut résolu que, sans me nommer, on proposeroit à monsieur de S... l'établissement dont il s'agissoit. Madame de Surl... avoit un ami qui le connoissoit plus particuliérement qu'elle ne faisoit ; on le chargea de cette négociation. La proposition fut bien reçue ; monsieur de S... demanda pourtant quelques jours pour rendre une réponse positive. Il vivoit avec ſes filles dont il étoit parfaitement content , & vouloit leur faire agréer une belle-mere dont le titre eſt toujours odieux. Il y trouva de la difficulté. Maîtreſſes dans leur petite cabanne, accoutumées à tenir le ménage , elles craignirent que je n'en vouluſſe prendre le maniement, & m'emparer de l'autorité, objet de jalouſie dans les champs comme dans les cours. Mon peu de capacité & de goût pour ces ſortes de choſes, les mettoit bien en ſureté ; mais elles n'en étoient pas informées. Elles céderent pourtant à l'inclination de leur pere, qui entrevit une fortune ſure & facile dans ce qu'on lui offroit. Il ſongea ſenſément à don-

L ij

ner un objet fixe à des promeſſes générales. Il n'étoit que lieutenant d'une compagnie aux gardes, dont le capitaine attaqué d'apoplexie étoit depuis longtemps hors d'état de ſervir. Il demanda de remplir la place, quand elle viendroit à vaquer par ſa mort qui ne pouvoit être éloignée ; & pour préliminaire, le titre de commandant de cette compagnie, dont il exerçoit les fonctions depuis que le titulaire en étoit devenu incapable ; promettant de conclure le mariage qu'on lui propoſoit auſſitôt qu'il auroit reçu cette premiere grace, comme un gage aſſuré du reſte qu'il vouloit bien attendre.

Ce fut-là le précis de ſa réponſe.

Madame la duchesse du Maine l'approuva, & ne songea plus qu'à faire agréer ses vues à monsieur le duc du Maine. Elle lui exposa toutes les raisons qui lui faisoient désirer mon établissement, & les mit dans ce beau jour qu'elle sçait donner à ce que son esprit affectionne. Mais lui, avec ses adresses ordinaires, pour éluder ce qu'il n'avoit pas le courage de combattre, applaudit son dessein en général, & proposa d'autres gens, dont le consentement étoit douteux & les convenances moins certaines. Madame la duchesse du Maine ne prit pas le change. Accoutumée à ses refuites, elle le suivit jusqu'à ce qu'elle l'eût atteint. Cela prit un longtemps, pendant lequel on jugea à propos de me faire voir monsieur de S..., & de me montrer à lui. L'entrevue se fit chez madame de Surl... Il fut plus content de moi qu'il n'y avoit lieu de l'espérer. Je ne portai aucun jugement de lui à ce premier abord ; mais quelque temps après, je fus avec monsieur & madame de Surl... à sa maison de campagne où nous dînâmes. Le lieu, le repas, la compagnie, tout rappelloit la simplicité de l'âge d'or. Je trouvai une petite maison gaie & propre par la blancheur des murailles ; il lui seyoit de n'être point meublée. Je n'ai pas fait tant de cas, par la suite, de cette espece d'ornemens. La volatille d'une baſſe cour, la chair des troupeaux, les fruits du verger, couvrirent la table. Nos jeunes hôteſſes, comme au temps où l'on reverroit Jupiter hoſpitalier, préparerent une partie des mets, nous regalerent de gâteaux & de fromages façonnés & ſervis par leurs mains. Je conſidérai avec plaiſir cette façon de vivre, ſi conforme à la nature qui nous eſt devenue étrangere ; & je crus qu'elle me conviendroit. Je fus contente du maître de la maiſon, de ſon maintien, d'une certaine politeſſe non étudiée, qui part du cœur, & annonce un caractere doux & bienfaiſant. En effet, c'eſt le ſien. Son ame exempte de toutes paſſions, va vers le bien par une pente naturelle, ſans être retenue ni détournée par rien. Il réſulte de ce calme inaltérable une parfaite égalité d'humeur ; des vues ſaines, parce qu'elles ne ſont offuſquées d'aucun trouble d'eſprit ; plus de juſteſſe que d'abondances d'idées ; peu de diſcours, mais ſenſés ; enfin quelqu'un dont la ſociété ne peut incommoder ; auſſi incapable de faire naître l'engouement, que de donner du dégoût. Je ſentis confuſément tout ceci, que je démêlai par la ſuite ; & je trouvai un homme que la nature avoit placé où la raiſon ne ſçauroit arriver. Nous eûmes une converſation après le dîner, dans laquelle on traita l'affaire dont il s'agilloit. Monſieur de S. . . témoigna la déſirer extrèmement, & néanmoins tint ferme à ne la conclure que lorſqu'il ſeroit muni du titre qu'il demandoit. J'approuvai cette ſage précaution ; & nous nous ſéparâmes contens l'un de l'autre. Quand je fus montée en carroſſe, il mit à mes pieds un petit agneau le plus gras de ſon troupeau , qu'il me pria d'emmener avec moi : Cette galanterie paſtorale me ſembla parfaitement aſſortie à tout le reſte.

Je rendis compte à madame la ducheſſe du Maine du ſuccès de notre voyage. Elle veut la prompte exécution des choſes qu'elle a imaginées : le délai de celle-ci lui fut désagréable. Monsieur le duc du Maine, qu'elle pressa pour la condition exigée, fit de nouvelles difficultés. Il fallut attendre quelqu'incident qui donnât lieu à cette démarche : il n'en arrivoit point. Pendant ce temps-là, je découvris que le bien qu'on croyoit à monsieur de S.... appartenoit à ses enfans, & qu'il ne me pouvoit procurer d'autre avantage que celui d'épouser un homme de condition ; chose à la vérité utile par rapport à ma situation, mais qui m'étoit d'ailleurs assez indifférente. Nous allâmes à Anet : les distractions entraînerent le souvenir de cette affaire. Je me

gardai de le rappeller. Elle me parut fi médiocrement bonne , que
je fouhaitai qu'elle s'oubliât tout-
à-fait : car chemin faifant, je vieil-
liffois toujours ; & le projet de
me marier devenoit de plus en
plus ridicule. J'étois dans cette
difpofition , lorfqu'après notre retour d'Anet, vers le commencement de l'hyver, monfieur le duc
du Maine dit à madame la ducheffe du Maine : Le chevalier de
Molondin vient d'avoir une nouvelle attaque d'apoplexie ; j'ai tiré
fur le temps pour nommer monfieur de S... commandant de fa
compagnie ; cela eft fait. C'étoit
la feule condition qu'il eût exigée
pour terminer l'affaire. Madame

la duchesse du Maine m'envoya chercher, afin de m'apprendre cette nouvelle, dont elle étoit ravie, & dont je fus confondue. Ce qui m'avoit plû de loin, changea de face en s'approchant. J'apperçus en un moment tous les inconvéniens qui jusques-là s'étoient dérobés à ma vue. Je m'étonnai de mon aveuglement : je sentis en même temps l'impossibilité de reculer, après le pas qu'on venoit de faire ; & je tombai dans une espece de désespoir. L'agitation de mon esprit, ou quelqu'autre cause, me rendirent malade. Je crus trouver dans la perte de ma vie la seule issue qui me restoit. Cette triste ressource me manqua : je guéris ; & il fallut fubir le joug que je m'étois laiffé impofer. Nous allâmes à Paris ; je vis madame de Buffy : elle goûtoit cette affaire, & tâchoit de m'encourager ; mais j'aurois voulu du moins différer. Je fis d'inutiles efforts pour obtenir un délai, jufqu'après la campagne que monfieur de S... alloit faire. J'efpérois quelqu'incident qui pourroit dénouer mon engagement. La princeffe dit que monfieur le duc du Maine avoit agi, que le public déja parloit, & qu'il falloit finir. Pour derniere tentative, je lui repréfentai que n'ayant eu d'autre devoir que celui qui m'attachoit à elle, j'étois toute difpofée à m'en tenir à cet unique engagement : mais que, si j'en contractois un nouveau, je voudrois aussi le remplir ; ce qui seroit incompatible avec l'assiduité que j'avois auprès d'elle ; que je la priois d'y penser avant qu'il y eût rien de fait, pour ne me pas jetter par la suite dans l'embarras de concilier des devoirs opposés. Elle me répondit qu'elle avoit bien prévu que je serois obligée de partager mon temps entr'elle & mon mari ; que j'en passerois une partie chez lui, & le reste auprès d'elle. Je la priai que, pour peu qu'il lui en coûtât, elle n'en fît pas le sacrifice à un établissement où je renoncerois sans peine. Elle fut inflexible, & m'écouta si peu,

qu’elle ne voulut jamais fe fouvenir dans la fuite , ni de la repréfen-
tation que je lui avois faite , ni du
confentement qu’elle avoit donné
au partage de mes devoirs.

On paffa le contrat, dans lequel
la penfion que monfieur le duc du
Maine m’avoit accordée depuis
ma prifon , me fut affurée. Madame la ducheffe du Maine me
donna des habits. La victime liée
& ornée fut conduite triftement à
l’autel par madame de Chambonnas , dame d’honneur de madame
la ducheffe du Maine , & ramenée
enfuite à fon alteffe féréniffime :
elle me reçut & m’embraffa avec
de grands tranfports de joie. Je
fus enfuite chez monfieur le duc

du Maine, à qui je dis ces paroles d'un pseaume : *Suscitans à terrâ inopem*, &c. J'y puis encore ajouter, lui dis-je, *qui habitare facit sterilem in domo*, &c. Il nous donna de grandes assurances de sa protection. Nous ne croions pas le perdre sitôt.

Tous ces devoirs accomplis, nous montâmes en carrosse, monsieur & madame de Surl... monsieur de S... & moi, pour aller dîner chez lui à Gennevilliers, où l'on avoit consenti que je resterois quelques jours. Je m'arrêtai en chemin chez madame de Bussy, qui étoit déja fort mal : elle traînoit depuis longtemps une vie languissante. Malgré le triste état où

elle

elle étoit, sa joie éclata en me voyant. Elle me donna une belle tabatiere, & toutes sortes de marques d'une tendre amitié. Je la quittai avec un sensible regret, & ne la revis que mourante : cette tristesse, que j'emportai, ne contribua pas peu à me rendre mon nouveau séjour désagréable. Mes belles-filles, qui apparemment s'étoient flattées que l'affaire ne se concluroit pas, fâchées de me voir arriver, disparurent, au lieu de venir me recevoir. Elles n'avoient pas voulu se trouver à la cérémonie; ce qui m'avoit déja annoncé leur indisposition à mon égard. A force d'exhortations, onengagea l'aînée à se montrer; elle parut enfin d'assez

mauvaiſe grace : je ne fis pas ſem-
blant de m'en appercevoir ; & par
beaucoup de prévenances, je tâchai
de ſurmonter ſa méchante humeur,
qui ſe diſſipa. La fille cadette parut ſur la fin du dîner, avec quelques mauvaiſes excuſes de n'être
pas venue plutôt ; & tout prit une
forme à peu près convenable, mais
pas trop ſatisfaiſante. Monſieur de
S... chagrin du déſagrément de
ma réception ; moi toute étonnée
de me trouver mariée ; le décon-
certement ſe répandit dans la maiſon, & la compagnie en prit ſa
part. Elle étoit compoſée, outre
ceux que j'ai nommés, de quelques amis particuliers, qui nous
avoient ſuivis.

Le lendemain de cette triste journée, inquiete de la santé de madame de Buffy, je voulus fçavoir de fes nouvelles ; & comme on ne m'en facilita pas affez promptement les moyens, j'allai dans ma chambre fondre en larmes. Un de nos hôtes vint me chercher ; c'étoit celui qui avoit entamé à monfieur de S... la propofition de fon mariage. Il fut fort affligé de me trouver dans cette défolation, qui renfermoit confufément différens objets. J'excufai mon chagrin fous divers prétextes, & réfolus de le cacher le mieux que je pourrois. Cependant monfieur & madame de Surl... & leurs amis s'en retournerent ; &

M ij

je me trouvai encore plus embar-
raſſée quand je me vis ſeule &
comme étrangere dans cette maiſon que j'aurois dû regarder comme la mienne. Monſieur de S...
faiſoit de ſa part tout ce qui ſe
pouvoit pour m'en rendre le ſéjour agréable ; mais la premiere
impreſſion ne pouvoit ſitôt s'effacer. J'y fus encore quelques jours;
puis j'allai avec lui à Paris attendre
le retour de madame la ducheſſe
du Maine, qui avoit été paſſer le
carnaval à Seaux.

Elle revint bientôt après, & me
témoigna beaucoup de joie de me
revoir ſous ma nouvelle forme.
J'eus tous les agrémens des dames de ſa maiſon, ſa table, l'en-

trée dans son carrosse. Cependant je sentis, dans une occasion qui se présenta, sa répugnance à me montrer si près d'elle au grand jour. C'étoit le temps où le roi fait la revue des gardes Suisses. Monsieur le duc du Maine lui dit, qu'il falloit qu'elle y vînt, & me donnât ce spectacle. Elle y fut, & m'y fit aller avec madame de Surl... dans un autre carrosse que le sien, où elle mit madame de Bess...., plus connue à la cour; d'où je jugeai que le sacrement de mariage n'effaçoit pas les taches originelles comme celui du baptême.

A cette découverte s'en joignit une autre, qui me fit voir encore

un plus grand mécompte. Monfieur de S... étoit retourné chez
lui, où il avoit paffé le carême;
vers la fin il me manda qu'il devoit partir, pour faire la campagne, immédiatement après pâ-
ques, & qu'il me prioit d'aller
paffer la femaine-fainte dans fa
maifon à Gennevilliers. J'en fis la
propofition à madame la ducheffe
du Maine. Elle l'écouta avec un
étonnement mêlé d'indignation;
& non contente d'un refus abfolu,
elle en répandit des plaintes très-
ameres, m'accufa de la plus noire
ingratitude & du plus inique pro-
cédé; comme fi j'avois manqué à
tout devoir envers elle, parce que
j'avois voulu en rendre quelqu'un

au mari qu'elle m'avoit donné. Je tâchai en vain de la faire souvenir de l'explication que j'avois eue d'avance à ce sujet avec elle ; tout étoit oublié, & fut nettement nié. Je vis alors que je n'avois fait que resserrer la chaîne, que j'avois prétendu relâcher. Je fus d'autant plus outrée d'une contradiction qui m'en annonçoit tant d'autres, que j'avois ardemment désiré ce moment de liberté, pour le partager avec madame de Bussy, alors à la derniere extrémité. J'allai à Seaux passer cette semaine que j'avois destinée ailleurs. J'y appris quelques jours après la mort de mon amie. Ce fut le comble de ma douleur. Les marques d'amitié qu'elle me donna dans son testament ne servirent qu'à justifier mes regrets. Elle me laissa une jolie maison de campagne toute meublée, dont elle avoit fait ses délices, & un diamant qu'elle portoit à son doigt. Ces gages de sa tendresse me seront à jamais précieux, & le tendre souvenir d'une si parfaite amie sera toujours aussi présent à mon esprit qu'il est profondément gravé dans mon cœur.

Je n'ai connu aucune femme aussi parfaitement raisonnable, & dont la raison eût aussi peu d'âpreté. C'étoit l'ame la plus sensible, & l'esprit le plus réglé qui fût jamais. Tout étoit sentiment en elle, jusqu'à ses pensées; mais sentiment dans un accord parfait avec les lumieres les plus pures. Cette juste harmonie la rendoit vive sans être inégale, passionnée sans vio-lence, toujours animée, douce & sensée. L'exacte vérité, l'équité délicate, l'inviolable fidélité, la tendre & bienfaisante humanité ré-sidoient dans son cœur : elles y étoient nées, & s'y maintenoient sans efforts. Cette chaleur vivi-fiante, qui donne de la grace à tout, même aux défauts, ornoit ses vertus, & la rendoit aussi ai-mable qu'elle étoit estimée. Mais ce qui, plus que tout le reste, lui attachoit ses amis, c'est qu'on trou-voit en elle la vraie & parfaite ami-tié, si souvent soupçonnée de n'être qu'une vaine idée. La confiance qu'elle fçavoit infpirer, étoit celle qu'on a pour foi-même ; & volontiers on lui eût dit ce qu'on auroit eu peine à s'avouer : le tendre interêt dont on la voyoit pénétrée, fa vive attention à ce qu'on lui difoit, alloit jufqu'au fond du cœur, & en développoit les replis les plus cachés. La fageffe de fes confeils, fa maniere de les faire goûter, ajoutoit l'utilité aux charmes de la confiance qu'on avoit en elle.

La perte irréparable d'une telle amie, jointe aux chagrins que j'éprouvois d'ailleurs, me jetta dans un accablement qui acheva ma difgrace. Je fis un voyage à Anet,

où je n'essuyai que des désagré-
mens. J'en rapportai l'unique sa-
tisfaction de voir en passant à mon
retour l'agréable hermitage qui
m'avoit été donné, peu écarté de
la route que nous faisions : mais
je ne pus m'y arrêter qu'une demie heure. Ce simple coup d'œil
me laissa un grand désir de vivre
dans cette paisible retraite. De
nouveaux malheurs traverserent
mon dessein. Monsieur le duc du
Maine, qui jusqu'alors avoit joui
d'une santé parfaite, fut attaqué
d'un mal qui d'abord ne paroissoit
rien, & qui fut bientôt déclaré in-
curable. Madame la duchesse du
Maine, agitée des plus vives inquiétudes, me ramena toute à el-

le. Les soins & l'assiduité qu'exigeoit l'état du prince son mari, la tinrent une année entiere à Seaux, dans une cruelle attente ; pendant laquelle , sans être rebutée par les horreurs d'une affreuse maladie , elle remplit auprès de lui tous les devoirs qu'il pouvoit attendre de sa part. Elle alloit perdre un prince le soutien de sa maison ; qui , malgré sa chûte, par son propre mérite , & par l'habitude où l'on étoit de le respecter, s'étoit conservé une grande considération dans le monde & à la cour : prince soumis, par un ascendant invincible , à toutes ses volontés , dont elle retiroit de grands avantages, sans perdre celui d'une entiere liberté.

Après d'inexprimables souffrances, le cancer qu'il avoit au visa-
ge, lui ôta l'une après l'autre toutes les fonctions de la vie, enfin la
vie même.

Sa mort fut aussi chrétienne que
douloureuse. J'y vis la perte de
toutes les espérances de fortune
qui m'avoient séduite. Elles eu-
rent pourtant moins de part à mes
regrets, que sa personne digne de
beaucoup d'estime.

Monsieur le duc du Maine avoit
l'esprit éclairé, fin & cultivé ;
toutes les connoissances d'usage,
spécialement celle du monde au
souverain dégré ; un caractere no-
ble & sérieux. La religion, peut-
être plus que la nature, avoit mis
en lui toutes les vertus, & le ren-

doit fidéle à les pratiquer. Il ai-
moit l'ordre, respectoit la justice,
& ne s'écartoit jamais des bienséan-
ces. Son goût le portoit à la retraite, à l'étude & au travail. Doué
de tout ce qui rend aimable dans
la société, il ne s'y prêtoit qu'avec
répugnance. On l'y voyoit pourtant gai, facile, complaisant, &
toujours égal. Sa conversation so-
lide & enjouée étoit remplie d'a-
grémens, d'un tour aisé & léger;
ses récits amusans; ses manieres
noblement familieres & polies;
son air assez ouvert. Le fond de son
cœur ne se découvroit pas; la dé-
fiance en défendoit l'entrée, & peu
de sentimens faisoient effort pour
en sortir.

Fin des Mémoires.

PIECES

QUI ONT RAPPORT

AUX MÉMOIRES.

PIECES

PIECES

QUI ONT RAPPORT

AUX MÉMOIRES.

LETTRES.

*I*L n'y a ici aucune des lettres du chevalier de Menil ; parce qu'elles lui furent rendues, lorsque je redemandai les miennes. Il me fit promettre, en les remettant entre mes mains, que je les lui garderois pour un temps plus favorable, dont il me flattoit encore. Enfin ces tristes

Tome III.   * N

monumens d'un malheureux atta-
chement, me devinrent plus chers
quand j'eus perdu tout le reste ; &
je ne pus me résoudre à m'en dé-
faire.

PREMIERE REPONSE.
28 avril.

O vous, Apollon, mon voisin,
  Non pas Apollon médecin ;
  Car, bien que preniez médecines,
Peu connoissez, je crois, la vertu des racines:
  Mieux sçavez-vous tourner un compli-
        ment
  En style doux, gracieux, séduisant.
  Pour vous répondre, il faudroit que ma
        muse
Ne m'eût quittée, alléguant pour excuse
Que ce séjour ne lui agréoit pas ;
Qu'on ne pouvoit y prendre ses ébats.
Comme sçavez, muses sont libertines;
Et celle-ci, toute des plus mutines,
Epouvantée à l'aspect de ce fort,
Bien loin s'enfuit, & même court encor.

Je ne ſçais quel ſecours vient s’offrir en ſa
place.
Il ſe préſente avec aſſez de grace :
Mais peut-étre trop cher il vendroit ſa fa-
veur.
Mieux vaut me taire à mon grand deshon-
neur.
Pourtant dirois-je encore quelque choſe,
Si nous pouvions nous expliquer en proſe.
Plaiſe à notre aimable patron
Nous laiſſer jaſer ſur ce ton.
Or quel danger dans ce commerce nôtre,
Tant que ſerons ſi diſtans l’un de l’autre ?
La voiſine à ſon bon voiſin ;
Jà ne faut-il employer d’autre ſeing.

SECONDE REPONSE.

2 9 avril.

JE ſuis bien d’accord, mon voiſin,
De répondre chaque matin
A votre agréable miſſive ;
Puiſque vous étes aſſez bon,
Pour vous contenter du jargon
Que m’a laiſſé ma muſe fugitive.

Reſte à ſçavoir ſi notre confident
Sera toujours ſi complaiſant.
Jamais d'affaire plus honnête
Galant homme ne ſe mêla :
Mais cependant, malgré cela,
Préſentons-lui humble requête,
Et ne voulons que ce qui lui plaira.

La facilité avec laquelle je me livre à un commerce ſi galant, pourroit donner mauvaiſe opinion de moi, ſi ce n'étoit ſur la foi d'un bon guide, & avec toute l'aſſurance que doit inſpirer la réputation avantageuſe des gens à qui l'on a à faire. Après cette légère excuſe, je vous dirai ſans façon que, ſi vous penſez à peu près ce que vous dites, je vous trouve fort heureux ; & je loue l'adreſſe ingénieuſe avec laquelle, dans un ſé-

jour dédié à la tristesse, vous sçavez vous former des idées d'autant plus agréables, que rien ne
les borne. Votre imagination en
pleine liberté sur mon compte,
peut me suppofer autant de charmes qu'il lui plaira, & je vous
conseille de ne les pas épargner.
S'il arrive jamais que, changeant
le point de vue, vous soyez forcé
de me réduire à ma juste valeur,
vous ne regretterez alors l'opinion
que vous aviez de moi que comme on regrette ces beaux son-
ges bientôt effacés par les objets
qu'offre le jour.

Quant à préfent, mon cher voifin,
Sous le bon plaifir de Mercure,
Suivons notre heureufe aventure,
Attendant un nouveau deftin.

TROISIEME REPONSE.

1er. mai.

J'avois hier fi peu d'efprit,
Et fi mauvais étoit l'écrit
Dont je voulus répondre au vôtre,
Qu'il fera bon d'en faire un autre.
De plus, notre cher confident
Me montra fur le foir une mine fi fage,
Que je n'ôfai jamais propofer le meffage.
Ce font là les raifons pourquoi
Vous n'avez pas oui parler de moi.
Bien qu'auffi mal en train d'écrire,
Ne laifferai cejourd'hui de vous dire,
Que, fi ne nous connoiffons pas,
Ce ne doit être un embarras.
Non, croyez moi; c'eft au contraire
Ce qui fied mieux à notre affaire.
En autre cas qui voudroit s'en mêler?
Si librement moi-même oferois-je parler?

Au refte, vous m'avez bien re-
mife de la frayeur que je n'avois

point, de votre galanterie. Je me
tiens en lieu si sûr, que je ne crain-
drois pas le diable en personne ;
à plus forte raison, n'ai-je pas peur
de ce qui est beaucoup moins ef-
froyable. Quant à cette sainte amitié que vous voulez admettre entre nous, c'est une créature si sage
& si mesurée, que je doute qu'elle
veuille entrer dans un commerce
aussi bizarre que le nôtre. Il est
tel en effet, qu'on ne sçait quel
nom lui donner, & moins encore
quelle définition en faire. Entre-
prenez de le peindre, vous qui
voulez des portraits, & rendez le
bien au naturel.

Rien que la franche vérité,
Ne peut être en droit de nous plaire :

Faifons notre premier traité
De la dire , ou bien de nous taire.

QUATRIEME REPONSE.

1er. mai.

Pour répondre fans préambule
Au fujet de votre fcrupule,
Je vous dirai , mon cher voifin,
Que j'ai la même inquiétude
Que vous me marquiez ce matin.
Je crains que cette exactitude ,
Que jufqu'ici nous obfervons,
Ne devienne une fervitude ,
Dont quelque jour nous nous plain-
    drons.
Il eft cent façons de fe plaindre.
Voyez donc , & furtout gardez de vous con-
    traindre.
Je ne décide point : je m'en rapporte à vous.
Je fçais bien que dans ce lieu fombre ,
Vos paffe-temps peuvent être affez doux :
Que de fa liberté devenu plus jaloux ,
Parce que l'on n'en voit que l'ombre ,

On est toujours ici prêt à se révolter
Contre tout ce qui semble y vouloir attenter.
    Examinez en conscience
    Ce qui peut mieux vous convenir ;
Et rompons au plutôt notre foible alliance,
Si vous sentez déja qu'elle doive finir.
    J'approuve au surplus la maniere,
    Aussi-bien pour vous que pour moi,
    Dont vous avez réglé l'envoi
    De notre épître familiere.
    Quant à la charge du patron,
    Il ne faut pas qu'elle vous gêne :
    J'ai soin de lui payer sa peine,
    Autant & plus que de raison.

CINQUIEME REPONSE.

2 mai.

De l'ignorance du danger
    Se forme souvent le courage.
Si je connoissois mieux à quoi ceci m'engage,
    Peut-être plus n'y voudrois-je songer.

J'acheverai, s'il vous plaît, d'un
style plus humain ; & je vous di-

rai que je ne trouve rien qui favo-
rise tant notre commerce, que sa
singularité. C'en est une des plus
grandes, d'être occupés l'un de
l'autre, sans nous connoître que
sur la foi d'autrui. Si cet avantage
venoit à nous manquer, nous n'o-
serions plus vivre si familiérement
ensemble; & cette liberté m'est si
chere, que même je crains qu'à
force de vous entendre, je ne
croie vous avoir vu.

Nous pensons, vous & moi,
bien différemment sur cela, puisque vous me demandez mon portrait; mais aussi ne l'aurez-vous
pas. J'aurois peut-être assez de
peine à le faire. Je crois qu'on
est trop près de soi, pour se bien

voir. Je crois encore qu'on eſt rarement aſſez ſincere pour ſe montrer tel qu'on eſt; & je dois ajouter modeſtement que je courrois riſque de perdre cette eſtime précieuſe que vous m'offrez, & que je veux conſerver, n'en duſſai-je être redevable qu'à l'erreur.

Puiſque vous voulez compter pour quelque choſe la diſpoſition que j'ai à être de vos amis, je m'offre de bon cœur ſur ce pied-là ; à condition que vous retrancherez des aſſurances que vous me donnez, l'exceſſive flatterie dont vous les aſſaiſonnez. L'amitié que vous connoiſſez ſi bien, eſt ſimple, vraie, naturelle ; quand vous voudrez, je vous ferai ſon

portrait au-lieu du mien , & vous
verrez que je la connois auſſi.

Mais à propos de reſſemblance ,
Je vous dirai confidemment ,
Que , pour ombre , avez trop ſouvent
De gens vivans réminiſcence.

SIXIEME REPONSE.
3 *mai*.

On n'exprime guere ſes penſées,
qu'on ne peigne ſes ſentimens ,
même ſans le vouloir ; & ces différens traits , quoiqu'épars , ſont
aiſément raſſemblés par une main
comme la vôtre. Suppoſé que notre
commerce dure , vous me connoî-
trez bientôt aſſez. S'il ne continue
pas , vous n'avez que faire de me
connoître. Cependant ſi c'eſt à moi

plutôt qu'à vous que vous voulez devoir cette découverte (qui après tout n'est pas fort curieuse), je veux bien vous donner quelqu'éclaircissement sur ce qui me regarde ; quoique j'aie toujours tenu pour maxime , qu'on ne doit ni se montrer , ni se cacher, mais simplement se laisser voir. Il est vrai qu'ici la plupart des regles générales ont besoin de modification. Je veux donc bien vous parler avec plus de confiance que je n'ai coutume de faire. J'irai même jusqu'à vous avouer qu'on a souvent médit de mes sentimens : non qu'on m'ait jamais accusée d'ignorer ou de négliger les devoirs de l'amitié; mais on a prétendu qu'elle faisoit sa résidence plutôt dans ma tête, que dans mon cœur; que je la connoisfois par principes, & que je la suivois par régles. J'ai laissé croire, aimant mieux voir dans l'erreur ceux qui tenoient de semblables propos, que de les défabuser à grands frais : car il est vrai, s'il faut tout dire, que j'ai été fort ménagere de cette espece de bien : mais comme on sçait, c'est rarement la misere qui donne le goût de l'économie. Quoiqu'il en soit, en voilà assez & trop sur cela. Croyezvous qu'il ne me restât pas aussi bien des choses à sçavoir de vous, avant que de prononcer les prétendus oracles que vous me demandez, comme à cette sibylle qui n'avoit confervé que la voix , & qui recevoit les demandes qu'on lui faifoit fur des feuilles volantes mi- fes à l'entrée de fa noire fpélon- que ?

Vous avez bien fait de vous rédui- re à la profe. Je n'aurois pu autre- ment vous répondre. J'ai la tête encore fi étourdie d'une violente migraine , que tout ce que j'ai pu faire a été de barbouiller mon pa- pier à tort & à travers. Adieu , mon voifin. Trouvez bon que je vous nomme toujours ainfi , quel- que langage que nous tenions.

SEPTIEME REPONSE.
4 *mai.*

Je voulois ajuſter mon thême
A votre jeu de corbillon :
Mais j'y mettrois plutôt une tarte à la crême,
Que d'achever ainſi tout mon diſcours en *on*.
J'aimerois beaucoup mieux faire un nouveau
carême
Sans manger ni chair, ni poiſſon,
Réſoudre nombre de problêmes,
Et faire autant de théorèmes,
Que forcer mon foible poumon
A ſoutenir un même ton.
J'en ſens déja ma face blême :
Je prononce donc anathême
Contre ce diable de jargon.
En faiſant un nouveau ſyſtême,
Je trouverai du moins la rime ou la raiſon.
Vous contez fort bien notre hiſtoire :
Mais j'en reviens encore à dire, comme
Agnès,
Elle eſt fort étonnante & difficile à croire.
Qui pourroit deviner jamais,
En nous voyant occupés l'un de l'autre,
Recevant

Recevant fans ceffe billets,
Vous de ma part, moi de la vôtre,
Que de nos jours nous ne nous fommes vus,
Et moins encore entretenus ;
Que, par une rare prudence,
Nous remettions à faire connoiffance,
Lorfque le fuprême pouvoir
Nous auroit interdit à tous deux de nous voir?
Heureufement notre vie eft cachée :
Si quelque jour elle étoit recherchée,
Qui ne diroit de moi comme de vous :
Ces gens-là fans doute étoient fous?
Qu'avoient-ils de bon à prétendre
De leur commerce prefque tendre?
Doutoient-ils qu'il ne fût fuivi
De vive impatience, ou de mortel ennui?
Avec l'ennui du moins on rend bientôt fon
compte :
Mais quand l'impatience à fon tour nous fur-
monte,
On ne fe tire pas aifément de fes mains.
C'eft en effet ce que je crains.
Cependant je pourrai bien dire,
Comme Médée : Entre divers partis,
Je vois le bon, je l'applaudis ;
Et toutefois je prends le pire.

Tome III.   * O

HUITIEME REPONSE.
5 mai.

Il me semble, mon cher voisin, que vous adoptez, sur ce que je vous en ai dit, des jugemens pervers qu'on a faits de moi. Quoique vous me paroissiez mériter d'en être détrompé, j'aurois à me reprocher de prendre trop-tôt ce soin-là. Je laisse donc au temps, si temps y a, à vous mieux instruire. Continuons cependant de rire & de parler; & même, si vous voulez, mêlons-nous quelquefois de raisonner. Nous avons un si beau loisir, que nous pouvons l'employer. D'ailleurs il est à craindre qu'à la fin honte ne nous prenne de ne dire que des fariboles.

La gravité de notre situation, la profeſſion de gens raiſonnables, la dignité de notre miniſtere, tout ſemble nous interdire un commerce trop badin. Ma penſée ſeroit donc que nous nous fiſſions part réciproquement de nos réflexions. Eh ! quelles réflexions ne fait-on pas dans ce ſéjour-ci ? Il n'y a ſortes de matieres qui ne paſſent dans nos têtes vuides. Il en eſt quelques-unes qu'on pourroit arrêter ſur le papier. Cela demanderoit plus de ſuite que nos badinages ordinaires. Si ce projet vous plaît, je le ſuivrai volontiers, non pas avec notre régularité accoutumée ; cela demanderoit un autre arrange-

ment, & pourroit être entremê-
lé de nos premiers amusemens.
Que vous en semble? dites, avec
cette franchise dont vous faites
profession.

IXᵉ. ET Xᵉ. REPONSES.
FRAGMENS DE LETTRES.
6 & 7 mai.

Ce n'est point par humeur critique
Que de vos rimes j'ai médit ;
C'étoit simplement par dépit
De n'y pouvoir ajuster ma réplique.

Je reviens au second chapitre
Que traite votre aimable épître.
Il n'arrive que trop souvent,
Qu'on réfléchit quand il n'en est plus
temps.

Eh quoi ! cette réflexion,
Où je semble m'être égarée,
Loin d'être encor prématurée,
N'est peut-être plus de saison,

Quand l'habitude joint la force
Au charme de la nouveauté,
Eſt-il temps de faire divorce
Avec le doux plaiſir dont on eſt enchanté ?

PARODIE.

Que faiſiez-vous alors ? Pourquoi, ſans le
     voiſin,
Le patron, la voiſine ont-ils fait un feſtin ?
Pourquoi, trop enfermé, ne pûtes-vous ſur
     l'heure,
Pénétrer dans ces lieux où je fais ma de-
     meure ?
Par vous auroit péri le quart de notre vin ;
Et mon foible cerveau ſe fût conſervé ſain.
Pour vous initier à ce nouveau myſtère,
Le patron auſſitôt vous eût armé d'un verre :
Mais non ; dans ce deſſein je l'aurois préve-
     nu. . . .

ONZIEME REPONSE.

JE vous rendrai histoire pour histoire, & non fable pour fable ; car en vérité, mon voisin, je suis très-incapable d'en faire une qui approche de la vôtre ; & si vous me voulez céder sur la parodie, vous l'emporterez de beaucoup sur l'apologue, métier infiniment plus difficile. J'ai été fort aise d'être instruite de vos occupations. C'est toujours un dégré de connoissance, & il me semble que nous n'en devons négliger aucun. Ma vie ressemble fort à la vôtre ; j'y mets pourtant un peu plus de variété, faute de pouvoir m'accommoder longtemps de la même occupation. Voici comme je m'y prends. Je m'éveille aussi matin que vous; mais je me leve plus tard, un peu par paresse, & en partie pour ne troubler le repos de l'infortunée compagne de mes aventures. Lasse enfin de sa tranquillité & de la mienne, je prends le parti de voir le jour. J'en donne comme vous les premiers momens à mes devoirs; mais cela est fort court. Ensuite je fais quelqu'espece de légeres études; ce qui me paroît plus attachant, & par conséquent plus propre à distraire que la simple lecture. Au travers de cela vient quelquefois l'aimable patron, heureux présage pour le reste du jour; &

O iv

nous prenons du thé : affaires le preſſent, il s'en va. S'il a du loiſir, & que le temps ne ſoit pas orageux, ſuit une promenade, qui ne ſe fait pas, comme la vôtre, dans la moyenne région de l'air. A propos, vous avez aujourd'hui marché terre à terre, à ce que l'on m'a dit. Je vous ai beaucoup regardé ; mais je vous aſſure que je ne vous ai point vu : & la raiſon, c'eſt que je ne vois point, ſi ce n'eſt de bien près. Si j'en juge par vos obſervations, vous ne voyez guere mieux. Je m'en conſole ; notre affaire n'en ira pas moins bien. Je reprens la ſuite de mon récit, auſſi peu intereſſant que la digreſſion. De retour de la promenade, plus souvent sans y avoir été, il est question d'une espece de coëffure & d'habillement négligé, comme de raison, vu le temps qui court. Cela ne laisse pas que d'être long : car toute femme s'adonne volontiers au soin de sa personne, quelque peu d'usage qu'elle en fasse. Enfin vient le dîner ; & nous dînons, cette honnête fille dont je vous ai parlé & moi, l'une & l'autre assez sobrement. Je n'ai pas ensuite, comme vous, le plaisir de prendre du caffé, si ce n'est les jours de migraine. Je l'aime, & je l'ai proscrit, parce qu'il trouble mon repos, c'est-à-dire qu'il m'empêche de dormir : & je n'ai encore rien trouvé, en fait de plaisir, qui vaille le sommeil. C'est vous donner de moi une idée bien grossiere : qu'y faire ? Je vous ai voué une entiere sincérité ; je ne me suis engagée qu'à cela. Me voici encore écartée de mon propos. J'en étois à la triste partie de piquet qui suit immédiatement mon dîner. C'est bien ici qu'on s'accoutume à tout, puisque je m'y suis familiarisée avec le jeu & l'ouvrage, que je n'avois jamais pu souffrir. J'ai fait aussi bien que vous de la tapisserie avec une ardeur incroyable, & une admiration infinie de la providence, qui destinant la plupart des hommes au travail des mains, avoit sçu leur en faire une occupation

fi agréable , & fi propre à les dif-
traire des malheurs de leur condition. Charmée d'avoir découvert
cette reffource que j'ai crue infaillible contre l'ennui, je le défiois
de m'aborder ; mais ce bel en-
thoufiafme a fini tout d'un coup.
Il a fallu fubftituer à la tapifferie
un autre chiffon d'ouvrage, qui
commence à baiffer ; & j'ai trouvé
qu'en fait d'amufemens, la diverfité feule empêche le dégoût. J'en
fuis revenue à la lecture, que je
rens diverfe autant qu'il me plaît;
auffi foumife à mon goût, en ce
qui regarde mes plaifirs, que je
crois le devoir être à la raifon fur
les chofes de fa compétence. Refte à vous parler de ma chatte, pour

vous donner une entiere connoiffance de mes affaires domeftiques.
Elle fait un perfonnage confidérable dans notre fociété. Ce n'eft ni
fa gentilleffe , ni fon attachement
qui font fon mérite. Elle n'a ni l'un
ni l'autre. Cependant elle m'eft
affez chere , fans que je fçache ni
comment , ni pourquoi. Mais c'eft
trop abufer de votre loifir & du
mien, que de vous faire de pa-
reils contes. J'en obtiendrai du
moins un défaveu de votre part
fur mon prétendu laconifme.
Adieu, voifin. Votre voifine commence à radoter.

DOUZIEME REPONSE.
9 mai, mardi au soir.

Parler & ne point voir, ou bien voir
    & se taire,
Le choix en général est difficile à faire:
On ne peut sur ce point axiôme établir.
    S'en rapporter aux occurences,
    Des cas divers peser les différences ,
    Est le moyen de n'y faillir.

    Quant est d'expliquer les manieres,
    Le train que prennent les affaires
    Qui se passent parmi les dieux,
    J'ai sur cela peu de lumieres :
    Et d'ailleurs vous n'en seriez mieux,
    Quand verriez à fond leur pratique.
    Il nous faut toute autre rubrique.
En purs esprits ceux-là ne vivoient pas.
Bien nous viendroit, pour résoudre le cas,
    De connoître au vrai les usances
    Des célestes intelligences.
Or ne crois tout de bon qu'habitude s'e-
    xerce
    Si volontiers en leur commerce.

J'en pourrois alléguer maintes bonnes rai-
    sons,
Si n'en avois encor meilleures pour les
    taire.
Vous en ferez aifément le fommaire ;
    Et fur ce, voifin, finiffons :
    Car voici chofe plus étrange,
    Et qui ne fent pas trop fon ange.
Tantôt, ne fçais ni pourquoi, ni comment,
Un bruit s'eft fait dans votre appartement,
Qui, parvenu jufqu'à votre voifine,
    Grande frayeur la prend foudain
    Du décamper de fon voifin.
    La voilà donc qui s'imagine
    Que déja bien loin il chemine.
    Auffitôt de s'en affliger ;
    Point ne s'avife de fonger
    Qu'elle en dût avoir allégreffe.
    Elle fe livre à la trifteffe,
    Et ne peut fon trouble calmer,
Qu'elle n'ait vu fon voifin renfermer.
    Ceci n'eft rien moins qu'une fable ;
    C'eft un récit très-véritable
    Qui dépeint bien un mauvais cœur.
    Cependant, quoiqu'en puiffiez dire,
Puifqu'on ne veut vous induire en erreur,

J'ai cru qu'au long je devois vous l'écrire.
J'aurai du moins l'ame en repos,
Quand vous sçaurez tous mes défauts ;
Et si me laissez votre estime,
La tiendrai lors pour un bien légitime.

TREIZIEME REPONSE.
11 *mai.*

Tout d'abord je répondrai au dernier article de votre lettre, afin que vous ne disiez plus, aussi injustement que vous faites, que je ne réponds pas ; car à quoi n'ai-je pas répondu ? Vous êtes curieux de sçavoir ce qui causoit ma gaieté hier au soir. Le voici. Le cher ami inopinément vint souper avec moi ; notez que c'est mon heure. Le matin ordinairement je suis férieuse, l'après-dîner de mauvaise humeur, & gaie fur le foir. Ceci ne vous donnera pas une idée avan-tageufe de l'égalité de mon ame. Je m'en dédommage par la preuve de fincérité. Voyons le refte. Mais quel eft-il ? car en vérité, je ne fçais ce que vous demandez. Quelle je fuis ? Je vous l'ai dit, ou peu s'en faut ; & puis à quoi bon le tant fçavoir ? Pour l'ufage que vous pouvez faire de moi, ne vous fuis-je pas meilleure fur le pied de la charmante Dulcinée du Tobo-fo, que vous pouvez façonner à plaifir, que plus exactement con-nue ? C'eft ne pas fçavoir profiter de fes avantages , que de s'inter-dire les égaremens de fon imagi-nation dans un lieu où feule elle fe peut égarer.   Si

Si j'ai bien compté vos questions, vous demandiez encore quel
est le pouvoir de l'habitude, &
en combien de temps elle se con-
tracte parmi de certaines especes,
comme pourroit être la nôtre? Si
vous êtes si curieux de le sçavoir,
je vous satisferai. Mais, comme il
n'y a de bons systêmes que ceux
qui sont fondés sur l'expérience,
vous trouverez bon que j'en fasse
une avant que de vous répondre.
Si les frais vous en semblent con-
sidérables, vous ne vous en pren-
drez qu'à vous, qui l'aurez souhaité. Pour moi, j'y mettrai pour
ma vade ce qui sera nécessaire. La
connoissance d'une vérité paie
bien la perte d'un plaisir. Adieu

Tome III.   * P

donc, mon voifin, jufqu'à ce que je trouve impoffible de ne vous pas donner le bon jour.

QUATORZIEME REPONSE.
Samedi 13 mai.

Si vous n'y prenez garde, vous allez devenir un véritable poëte. Vers de toute efpece, en ftyles différens, fictions ingénieufes, &c. enfin cela va le mieux du monde, pourvu que ce ne foit pas au détriment de votre raifon ; car, comme bien fçavez, poëtes font fujets à des accès de folie, & je commence à appercevoir quelques petits égaremens de votre part. C'en eft un, par exemple, de vouloir que je vous satisfasse sur toutes les questions que vous me faites. C'en est un autre, de ne pas prendre le sens de mes réponses ; ou plutôt, c'est un trait de mauvaise foi, car vous entendez de reste. Peu s'en faut que je ne vous querelle ; & il entre, dans cette disposition, un peu de méchante humeur, dont je ne sçais pas la raison. Cherchez-la, si vous voulez. Il ne sera pas dit que seule j'expliquerai toujours les événemens qui arrivent entre nous. Celui d'hier m'a fort déroutée. Il me semble qu'en ôtant de notre commerce ce qui en faisoit la principale singularité, on en a détruit l'aisance ; & je ne sçais plus véritablement comment je dois traiter avec vous. J'ai pensé mettre, au commencement de ma lettre, un grave *monsieur*. Du moins n'ai-je pas le courage de vous appeller familiérement mon voisin, comme ci - devant. Je ne suis assurée que dans l'obscurité ; ce qui fait voir que je ne crains pas les esprits.

Or pour me tirer du présent embarras, je passe à l'article de la mauvaise santé que vous traitez dans votre lettre, & qui est de mise partout. Si vous ne me tenez que par-là, vous ne me tiendrez pas longtemps ; car mes maladies ne sont pas de durée, si tant est qu'on puisse appeller maladies ce qui ne mérite que le nom de légères incommodités. Enfin, si vous trouvez que ce soit un défaut de n'être pas assez mal saine (car chacun a son goût), je vous en fais mes très-humbles excuses. Il faut tâcher cependant de vous accommoder de moi telle que je suis. Vous n'êtes pas en état de choisir. Lors de la résurrection, vous pourrez reprendre vos inclinations naturelles, en vous défaisant du corps phantastique dont les ombres sont revêtues. Quant au terme cabalistique dont vous demandez mon avis, je ne suis pas plus initiée à la cabale que vous. Je crois pourtant que c'est bien dit. En suivant votre lettre, me voilà à peu près arrivée à la question principale. Vous craignez que je n'y faffe une réponfe équivoque, felon les privileges de ma prétendue patrie . . . Non, je n'y répondrai point du tout. Vous remarquerez, fi vous voulez, que la réticence, figure de réthorique, donne plus de force au difcours, que l'expreffion qu'elle fupprime. Revenons à cette patrie conteftée entre nous. Je ne veux point me faire d'affaires avec les gens de l'autre monde, ni de celui-ci. Ce n'eft point par mépris que je la défavoue. Je fuis bien éloignée de la méprifer; c'eft d'elle que je tiens ce que j'ai de meilleur, qui eft l'éducation. J'y ai paffé ma vie; il ne m'a manqué que d'y naître. Or je fuis née à Paris, après avoir été fabriquée en Angleterre ; & c'eſt peut-être parce que je tiens de ces trois climats, que je ſuis aſſez difficile à définir.

Queſtion que vous ne me faites pas, à laquelle je vais pourtant répondre (tant je réponds bien aujourd'hui) ; d'où vient ma belle humeur le ſoir ? C'eſt parce que j'attrape la fin d'un jour, & que c'eſt autant de fait. Vous croirez peut-être que j'ai gagné cette façon de penſer depuis que je ſuis ici. Non, je l'ai toujours eue : ce qui prouve que mes jours n'ont jamais été bien ſereins. Mais vous n'avez que faire de ce diſcours lamentable. Voyons la ſuite. Vous

demandez fi j'ai encore du papier ? Oui : mais je le ménage ,
ayant toujours peur d'en manquer.
Refte à vous dire , fur l'expérience
que je vous avois propofée , qu'il
falloit fufpendre notre commerce
d'écriture , pour juger certaine-
ment combien nous y tenions. Il
ne me paroît pas , par l'ufage que
vous avez fait de mon avis , que
vous l'ayez approuvé. Je ne m'y
obftine pas ; quitte pour ignorer
où nous en fommes. J'ai dit. Non ,
j'ai encore à dire pour réponfe à la
lettre d'hier : Relifez la quatriéme
fcène du premier acte de l'*Avare*;
& demandez pardon à genoux ,
d'avoir manqué l'application. Demain , que ce jour fera long !

QUINZIEME REPONSE.
Dimanche au soir 14 mai.

POUR me dépiquer de l'abfence du cher patron, je veux vous écrire une feconde lettre, & la rendre fi tendre, qu'il en puiffe être piqué lui-même. Cela lui apprendra à voyager, & vaudra mieux que l'air déconcerté que je pris hier hors de propos, & comme s'il y avoit rien de férieux dans tout ce que nous difons.

Pour commencer fur ce ton-là, je vous dirai que je ne puis plus trouver la fin des jours fans vous; c'eft-à-dire, fans vous écrire, & fans vous lire : car nous n'avons pas l'ufage de voir, qui pourtant

me semble de quelque considération. Pour vous, vous le comptez
pour si peu, que, lorsque vous faites tant que de vous manifester,
c'est dans un point de vue, où, sans
un télescope, il n'est pas possible
de vous appercevoir. Je vous le
pardonne; mais je sçais qui ne vous
le pardonneroit pas, s'il avoit
droit sur vous. On trouveroit bien
d'autres reproches à vous faire,
ausquels peut-être vous ne com-
prendriez rien. Ce sont ordinairement les choses les plus claires, &
qui devroient être les plus interessantes, que vous avez soin de ne
point entendre. Je ne sçais si c'est
ma faute; du moins n'est-ce pas
celle de l'écriture, qui en elle-

même est aussi propre que la parole pour exprimer ce qu’on pense, non pas à la vérité pour le persuader ; car la parole est ordinairement accompagnée de témoins qui certifient ce qu’elle avance ; & le papier, comme l’on dit, souffre tout. Enfin ce n’est pas de persuasion dont il s’agit entre nous. Pourvu que nous nous entendions, c’est assez. Si au moins vous ne m’entendez pas aujourd’hui, je vous renonce. J’irai conter mes ennuis aux échos. Mais je ne songe pas qu’ils sont trop indiscrets pour qu’on les souffre ici, & que je ne dois pas m’attendre à la douceur de leur entretien.

Qu’avez-vous fait tout le jour ?

Avez-vous fçu du moins vous en-
nuyer ? La célébration de la fête
vous a empêché de travailler ; &
ne fut-ce que par néceffité, vous
avez dû penfer à votre voifine. Si
pourtant ce n'eft qu'au défaut de
la tapifferie, je la plains, d'autant
plus que je fçais qu'elle quitte fes
occupations les plus cheres pour
s'occuper de vous. Que dis-je ?
elle ne les quitte point. Elle n'i-
magine plus qu'il y en ait d'autre
pour elle. Eh bien ! cela n'eft-il
pas tendre ? Qu'en dites-vous ?
C'eft dommage que l'harmonie
poëtique n'ait achevé d'y donner
de la grace. Mais pour comble de
malheurs, l'ombre de ma défunte
mufe, qui avoit bien voulu s'affo-

cier à la mienne (d'ombre à ombre, il n'y a que la main), est disparue depuis quelques jours. Je tâcherai, à force d'évocations, de la faire revenir. En attendant, contentez-vous de mon langage tel qu'il est.

SEIZIEME REPONSE.

Lundi matin 15 mai.

Ne sçais de quelle humeur fut hier le patron.
Onc ne voulut le soir vous porter d'écriture,
    Dont je reçus très-griéve blessure.
    Or s'il se prend de contradiction,
    Si bien fera', qu'aimerai tout de bon.

Vos injustes soupçons m'ont offensée sans me déplaire. Quand vous n'entendriez pas ceci, vous n'auriez pas grand tort. Je ne le crois pas intelligible , du moins à l'esprit. Enfin je vous pardonne de bon cœur : pardonnez-moi de même , si je vous ai inquiété. Il est vrai, mon cher voisin , que ce n'a pas été tout-à-fait sans dessein ; & je veux bien vous avouer que je ne néglige pas de mettre un peu d'art, mais non d'artifice, dans ma conduite, jusqu'à ce que je sçache bien à qui j'ai à faire. Je crois que cela peut être permis, surtout dans des circonstances où l'on est peu à portée d'éclaircir autrement des difficultés interessantes. Il me res- teroit assez de choses à vous dire sur ce point, quoique vous sembliez douter qu'il fournisse la ma-

tiere d'une réponfe. Je les fupprime, comme trop férieufes ... Je
ne dois pas oublier que nous avons
un tiers à divertir (foin qui m'eft
très-cher). Je paffe donc à la queftion qui termine votre lettre :

Si je fuis fenfible à l'attachement, & aux bons procédés des
ombres ? Soit ombres, foit vivans,
je prife infiniment le mérite, &
fuis très-touchée de ce qu'on penfe pour moi. J'ai fait mon devoir
à cet égard en l'autre monde, &
m'en acquitterai bien en celui-ci.
Mais, s'il faut tout dire, il y a une
efpece de rétribution, qui n'eft ni
l'eftime fimple, ni la reconnoiffance courante, fur quoi je ne fuis
pas de facile compofition. Je n'ai

jamais été bien convaincue que je la dusse; & je n'ai point manqué de raison pour m'en dispenser. Je parle du temps passé, dont vous me rappellez le souvenir.

A ce propos, se joindra tout naturellement la réponse d'une question que vous faisiez il y a quelques jours; sçavoir, s'il est de véritables amis à la cour? Voici ce que j'en pense. La plupart des gens qui habitent ce païs-là, semblables à des automates, n'agissent que par ressorts; déterminés toujours par un principe qui est hors d'eux, ils ne connoissent pas même l'impression du sentiment, bien-loin d'en suivre les mouvemens. Quelques-uns cependant ne laissent

fent pas de porter un mafque d'a-
mitié, dont les traits mefurés au
compas font de la derniere régularité, & tellement fixes qu'ils ne
reçoivent point ces variations qui
affectent fouvent ceux du vifage ;
en quoi ils font faciles à diftinguer :
car il n'appartient à rien de ce qui
eft naturel d'être inaltérable ; &
c'eft ne pas connoître la nature du
fentiment, que de prétendre qu'il
foit toujours égal à lui-même.
Pour revenir (car je m'écarte), une
feconde efpece de gens fe trouve
au lieu dont nous parlons, qui
n'étant pas tout-à-fait infectés de
l'air qu'on y refpire, font capables
de quelque forte d'attachement,
fubordonné cependant au principe

qui les domine. Leurs sentimens
ne sont pas absolument méprisa-
bles ; mais je crois que c'est bien
fait de ne les payer qu'avec poids
& mesures. Au surplus, il se trouve dans tous les lieux du monde
certaines ames privilègiées, qui ne
participent en rien aux vices de
leur nature ; & toute thèse géné-
rale (comme on dit) souffre excep-
tion. Bon soir, mon cher voisin.
Je serai fort aise demain d'apprendre de vos nouvelles.

***

DIX-SEPTIEME REPONSE.
Mardi 16 mai.

DE tous les talens que vous me
donnez, je n'accepte que celui de
vous bien entendre, & quoique

vous vous prétendiez obscur, je n'en rends nulle grace à mon intelligence. Comment ne vous entendrois-je pas ? Je sçavois d'avance ce que vous aviez à me dire, & j'y avois même en partie répondu, comme vous l'aurez pu voir. Reste à vous satisfaire sur les questions incidentes qui se rencontrent dans votre lettre. D'abord se présente l'article de l'amour propre, dont vous vous excusez, comme si vous croiez bonnement qu'on en pût avoir d'autre. Je ne vous souffrirai pas ces enfances-là, mon voisin; & si vous prétendez que je vous mene, attendez-vous d'aller grand train. Je professe une secte où l'on voit les choses telles qu'elles sont :

nous n'embellissons pas les objets pour avoir le plaisir de les admirer. Et quoiqu'on puisse débiter du détachement de soi-même , j'ai pour premier article de ma croyance qu'on n'aime que soi. Ceux-mêmes, s'il en est , qui se tuent pour ce qu'ils croient aimer , n'aiment qu'eux ; & tous les différens attachemens ne font que des manieres de s'aimer soi-même. N'en faisons donc nul scrupule ni façon de l'avouer , puisque cela ne peut être autrement. Je vous avance-rai bien d'autres propositions du-res , dans le courant de notre socié-té. Je ne vous demande pas une foi aveugle. Quand vous ne serez pas disposé à croire , je prouve-

raï, fi je puis. Votre citation imparfaite eft de l'*Alcibiade* de Cam-
piftron. Je ne rétablis point le
paffage, ne croyant pas que vous
aiez eu deffein de le citer tout entier. En fait de comédie, je fçais
tout ce qui fe peut fçavoir. C'é-
toit autrefois mon bréviaire. Je
poffede auffi les opéra ; belle lit-
térature ! & ne me trouve aucune
parité avec Cybelle, s'il ne m'arrive un jour de rencontrer quelque Sangaride en mon chemin.
Mais je tâcherai d'y mettre bon
ordre. Quoique je me pique d'é-
claircir les difficultés, je ne vous
célerai point qu'il y a un endroit
de votre lettre que je n'ai pu entendre. C'eft peut-être celui que

vous n'entendez pas vous-même : en ce cas, à qui avoir recours? C'eſt où vous parlez de téleſcope, de prudence, de ſcrupule, de fidelité, d'indulgence, de gens timides. Qui ſont-ils, ces gens-là ? Je vous déclare que je ne m'en accommode point. Dites donc ce que vous voulez dire ; ſi je ne me ſouciois pas de le ſçavoir, je ne vous le ferois pas répéter.

Je ne ſçais qui a raiſon, de vous ou de moi, ſur l'affaire du ſoir. Nous examinerons cela plus à loiſir. Le livre doré ſur tranche, dont vous êtes en peine, eſt un Virgile que je n'entens point, ne vous déplaiſe. Pourquoi donc le lire ? J'eſpérois d'en attrapper quelques mots ; mais bientôt j'y renoncerai ; car avec cette grande connoiſſance de langues que vous me ſuppoſez, le françois eſt tout ce que je ſçais. Pas un mot d'italien. Pour le grec , je le révére auſſi bien que l'hébreu , dont je m'étonne que vous ne m'ayez pourvue pendant que vous étiez à même. Eſt-ce ſur ma phiſionomie que vous m'avez jugée ſi docte ? Car je me flatte que vous ne m'accuſez pas d'ailleurs de faire la ſçavante. Mais voici bien autre choſe : ma voix vous a enchanté , dites-vous. Vive dieu , ſeigneur chevalier, diſoit Sancho à ſon maître , quand je vous vois ſoutenir qu'un baſſin de cuivre eſt un armet d'or, je ne crois plus rien de toute votre chevalerie. Au res-te, le cher patron se plaint de l'ab-sence de nos muses. Qui sont les impertinens qui ont effarouché la vôtre par des discours si mal fon-dés? Pour la mienne, elle a dé-campé sans dire ses raisons ; mais je les devine à peu près. Quoiqu'il en soit, faisons revenir ces folles-là : & dussent-elles arriver estro-piées, ne laissons pas de les faire marcher. Bon jour, mon très-ai-mable voisin. A demain, chose nouvelle.

DIX-HUITIEME REPONSE.

17 mai.

IL y a plaisir à vous faire des re-
montrances ; vous avez profité à
merveille de celle du cher patron.
J'ai lu votre lettre tout courant.
Cependant, comme j'ai grande pi-
tié des gens qui se corrigent , parce que je crois toujours qu'il en
coûte beaucoup , je vous prie de
ne vous point contraindre ; & je
vous assure que je lirai bien votre
écriture , quelle qu'elle puisse être.
Pour le reste , vous n'en devez pas
être en peine. Je le suis un peu
de l'opinion que vous avez de l'af-
finité qui se trouve entre l'art &

l’artifice. J’espere vous en faire revenir. Le premier n’est qu’une méthode d’employer le vrai ; & l’autre use du faux. Au surplus, on n’avoue l’art, que quand on a renoncé au dessein de s’en servir. Ainsi ne soyez pas en peine du mien. Ceci pourroit s’étendre & servir à discourir, si nous n’avions choses plus interessantes à dire ; mais vraiement nous n’en manquons pas, & l’affaire du jour fournit de reste à notre conversation. Le récit naturel que vous me faites m’a charmée (j’en atteste la vérité), parce que je n’y ai rien trouvé qui ne fût absolument dans l’ordre du sentiment. J’ai été affectée du même événement avec quelques différences semblables à celles qu'un même vent reçoit de la disposition des terres qui le ré-fléchissent. Et pour vous faire comprendre ce que j'ai pensé dans ce moment-là, il faut que vous sçachiez ce que je pensois auparavant. Quand j'ai abordé en ce païs-ci; la perte des choses qui m'é-toient connues, dont quelques-unes m'étoient cheres ; l'ignoran-ce de ce que j'allois trouver ; la révolte du sentiment renforcé du préjugé, contre un genre de vie opposé aux inclinations les plus naturelles, m'ont causé quelque trouble, peu apparent à la vérité ; mais enfin je l'ai senti. J'en suis re-venue en peu de temps. J'ai examiné ma situation ; j'ai pesé, dans les balances les plus justes que j'ai pu me former à moi-même, le bien & le mal de mon état; & j'ai trouvé les poids assez égaux pour former l'équilibre. Il est vrai, si vous voulez sçavoir le détail de l'opération, qu'il a fallu travailler sur ces mêmes poids pour les mettre en proportion ; retrancher des uns ce que l'opinion, l'inaccoutumance y ajoutent ; charger les autres, par anticipation, des effets de l'habitude jointe à un peu de courage. Cela fait, je me suis trouvée tranquille. Ensuite, agrémens, sur lesquels je n'avois point compté, se sont présentés, & ont mis de la douceur dans cette tranquillité, d'abord infipide. Voilà donc l'état préfent, fi mieux n'eft; la bagarre n'a rien dérangé. Ce n'eft pas que je ne voie fur cela à peu près ce qui s'y peut voir. Je connois les fujets d'inquiétude; mais je ne les prens pas volontiers. J'eus dans le premier moment, auffi-bien que vous, quelque penfée que je pourrois être de la partie. A telle penfée fe font joints des fentimens. Ceux-ci furent tellement mêlés, que je ne pus difcerner lequel dominoit, & je ne le fçais pas encore. Je penfai à vous, & je n'eus point la générofité de fouhaiter qu'il vous arrivât mieux qu'à moi. Si vous avez fenti autrement, je vous en révére, & ne vous en aime pas mieux ; car les façons de penser les plus simples & les plus naturelles, font celles qui me plaifent davantage. L'héroïfme de fentiment eft une belle chofe, mais je n'y crois point ; fi ce n'eft que je le regarde comme une production de l'imagination, que le cœur fans ceffe défavoue. Ceci pourra bien gâter le magnifique portrait que vous avez fait de moi ; mais en fait de portrait, il vaut mieux que la figure foit imparfaite, que la reffemblance.

Au refte, le cher ami m'a dit tantôt, que vous nous taxez l'un & l'autre de vous avoir vilipendé. Nous fommes affez honnêtes gens pour n'attaquer que ceux qui font

bien en état de se défendre ; &
vous avez tant de ressources contre la plaisanterie, qu'il est très-
permis de ne vous pas ménager.
Enfin il faut vous faire à la fati-
gue, si vous n'y êtes déja fait. Je
vous garantis que vous la soutien-
drez bien. Et sur ce, je prie dieu,
mon voisin, qu'il vous ait en sa
sainte garde.

DIX-NEUVIEME REPONSE.
18 *mai.*

OH bien ! ma muse est plus réti-
ve que la vôtre ; invocations, évocations n'ont pu la faire revenir.
L'émulation que lui devroit inspi-
rer sa voisine muse qui se rend de
si bonne grace, tout cela ne sert

de rien; & je ne suis pas d'avis, pour ce qu'elle vaut, de la rechercher plus longtemps. Revenons à nos raisonnemens bons ou mauvais. Nous ne sommes pas loin de compte sur la question de l'amour propre : car ce que vous nommez ainsi, je l'appelle vanité, ou interêt, selon les rapports. Nous sommes d'accord sur le fond, puisque vous convenez que tout sentiment a pour principe l'amour de soi-même. Ajoutez que toutes les affections particulieres, ne sont que les especes comprises sous ce genre ; & nous ne disputerons point.

J'ai vu avec un extrême plaisir le récit de vos inquiétudes sur mon départ. Je vous fis paroli le soir de

votre

votre frayeur du matin. Enfin comme la crainte de vous perdre eſt le ſentiment le plus décidé que j'aie ſur votre compte , je ſuis ravie de ſçavoir que vous y répondez. Il eſt vrai que des gens qui voudroient troubler notre ménage , diroient : Cela s'appelle aimer mieux le voiſinage que le voiſin. Mais après tout , il faut ſe rendre juſtice : vu nos moyens , n'eſt-ce pas aſſez pour nous de nous chérir de la ſorte ? Quant à ce que vous dites ſur l'obligation , que je puis nier ſuivant mes principes , cela ne fait rien à l'affaire : pourvu que l'on paie bien , qu'importe que ce ſoit ſur le pied de dette , ou de gratification ?

Tome III.   * R

La docilité avec laquelle vous offrez de vous laiſſer conduire, eſt d'autant plus édifiante, que l'autorité qu'on vous propoſe n'eſt pas fort grave. Il eſt vrai que vous aurez toujours la reſſource de l'examen, & entiere liberté de faire vos objeſtions. Que je faſſe auſſi les miennes ? Vous n'avez point dû oublier ce que je vous ai demandé. J'avois entendu ce que je devois entendre, hors un point que je n'ai fait qu'entrevoir ; & j'ai moins ramené ce propos, par envie de critiquer, que pour éclaircir une choſe qui me paroiſſoit intereſſante à ſçavoir. Me voilà plus obſcure que vous n'avez jamais été ; auſſi veux-je à peine que vous m'entendiez. A propos, corrigez, je vous prie, une mauvaiſe cor-rection dans ma lettre d'hier, qui vous fera juger que, bien-loin de ſçavoir le latin, j'ignore même le françois. Cela s'eſt fait en liſant la-dite lettre au cher patron. Le plai-ſir de le voir eſt propre, tout au moins, à déranger des phraſes. Nous eûmes le ſoir un long entre-tien ſur votre compte. Il faut que vous ne lui ſoyez pas ſuſpeɕt; car il s'étendit ſans ménagement ſur vos louanges. J'ai été interrompue ici; enſuite une promenade m'a empêché de reprendre ; & des oc-cupations indiſpenſables s'empare-ront du temps qui me reſte…Adieu donc, mon cher voiſin. J'aurois

R ij

encore mille chofes à vous dire ;
vous les fçaurez une autre fois.

VINGTIEME REPONSE.
19 *mai.*

JE fuis plus heureufe que vous,
mon cher voifin. Le défir de la liberté ne me tourmente point.
Non que je la prife moins que vous
ne faites ; mais je prétens (ne
vous effrayez pas du paradoxe)
que bien loin de l'avoir perdue,
c'eft ici que j'ai trouvé la véritable ; celle qui ne dépend pas d'u-
ne porte ouverte ou fermée, mais
de l'affranchiffement de la tyran-
nie que le monde & tout ce qu'il
contient exerce fur nous. Quelle
erreur de fe croire libre dans des

lieux où non-feulement nos moindres actions dépendent de cent
égards différens ; mais où nous
n'ofons même penfer à notre gré ;
où nos fentimens prennent la tein-
ture de tout ce qui nous environ-
ne ; où la plupart des objets qui
nous approchent, femblent avoir
le droit de nous féduire ; où enfin
nous ne jouiffons point de nous-
mêmes ! Car ce n'eft que dans la
folitude qu'on fe retrouve ; & je
vous dirai que c'eft ici que j'ai véritablement fait connoiffance avec
moi. Jufques-là je ne fçavois pas
trop qui j'étois. Je me prenois
tantôt pour une perfonne, tantôt
pour une autre. Je fçais préfente-
ment à quoi m'en tenir, non feu-

lement fur cela, mais fur beaucoup d'autres chofes : Car en fe
connoiffant bien, on connoît le
genre humain ; chacun pouvant
trouver en foi l'abrégé du monde
entier. Je crois donc avoir acquis
plus que je n'ai perdu : je le fens
même ; & le préjugé contraire eft
tellement vaincu, qu'il n'ofe plus
paroître. Travaillez auffi à vous
en défaire entiérement ; & goû-
tons le plaifir de tromper le fort
qui nous perfécute, en faifant notre
bien du mal qu'il nous a préparé.
Si des biens plus parfaits vous at-
tendent, je vous permets de les
défirer ; fi vous devez trouver des
fociétés beaucoup plus agréables
que celle que vous pouvez avoir

ici, votre impatience eſt pardon-
nable : mais ſi l'égalité s'y trouve
à peu près ; l'eſpece de néceſſité
qui ſe rencontre dans notre commerce, ne doit pas vous le faire
dépriſer. Je ne me cite là, que
parce que je m'y trouve par hazard : je ne m'y place pas par dépit. Enfin vous n'êtes point ſeul
en ce monde qui puiſſiez avoir
des regrets : chacun a fait ſes per-
tes ; car chacun a ſes liaiſons :
mais il faut prendre garde d'en
former les nœuds, de maniere
qu'ils ſe puiſſent lâcher. C'eſt le
meilleur parti, entre celui de les
rompre, ou de ſe laiſſer déchirer
le cœur. C'eſt par de ſemblables
précautions que je me reconnois

R iv

plus jalouse de ma liberté, que ne le font ceux qui la déplorent vainement. C'est en fa faveur que j'ai toujours pris foin d'éviter les pièges, où tant d'autres de mon efpece fe laiffent envelopper.

Pour finir ce chapitre de la liberté, j'ai encore à vous dire que j'en veux faire un acte ces jours-ci; & en même temps en préparer un plus férieux. Donc je ne vous écrirai point, ni vous à moi. Je veux me mettre en retraite. Ce deffein peut paroître bouffon. Riez-en, fi vous voulez; mais ne le contrariez point. Répondez encore à celle-ci, fans ménager votre papier, & fans craindre l'étonnement du cher patron, dont il ne convient pas, je crois, que vous cherchiez à lui faire querelle : en ce cas, je fçais bien qui prendra fa défenfe.

Il me refte un mot à vous dire fur notre ancienne difpute. Je ne prétens point que les fentimens & les façons de penfer foient femblables en tous les hommes. Je crois feulement qu'ils tournent fur un même pivot. Au furplus, je ne fuis pas fi perfuadée que vous l'êtes, que le bien & le mal leur foient toujours diftribués également. Je penfe, à la vérité, qu'il peut y avoir une efpece de proportion entre les différentes conditions : mais la diverfité des caracteres la dérange fouvent. Or ce n'eſt que la combinaiſon de l'un ou de l'autre, qui rend notre état heureux ou malheureux. J'abuſe de la permiſſion que vous m'avez donnée de vous écrire ſérieuſement. J'aurois mieux fait de répondre aux choſes gracieuſes que vous me dites en proſe, & en vers que j'ai fort approuvés, que d'aller prendre un ton ſi bizarre pour une lettre. Encore une fois, je vous en demande pardon, auſſi bien que du traité des grenouilles qui vous a interrompu ſi mal-à-propos. Je ſerai plus diſcrete à l'avenir. Adieu, mon cher voiſin.

VINGT-UNIEME REPONSE.
20 mai.

JOUISSEZ tout à votre aife de mon impertinente rivale*. Quand elle feroit autre qu'elle n'eft, je fuis trop fiere pour être jaloufe. Je ne troublerai de longtemps vos plaifirs. Ce qui partagea hier mon temps, du moins en valoit la peine. J'avois la liberté d'entretenir ce que j'aime le mieux. Le moyen de n'en pas profiter ? Quant à la pareffe, elle ne me domine pas affez pour me priver jamais de rien. Les facrifices que je lui fais, ne font que de chofes auffi infipides qu'elle. A propos de facrifice,

______
* *C'étoit un ouvrage de tapifferie.*

nous devons à la prudence celui de nos écrits. Faites le vôtre qui ne sera pas grand , & je ferai le mien. Vous voyez que ce n'eft que pour vous, que j'ai foin de la correction , & de peur que vous ne me jugiez capable de fautes groffieres. C'eft bien-là un trait de vanité. Quant au refte du fyftême en queftion , il nous faudroit au moins trois heures de converfation pour le mettre au net. En atten-dant, je l'abandonne, non fans quelqu'indignation de vous voir foupçonner que j'admette des prin-cipes qui vont à préférer l'utile à l'honnête. Dieu merci, il y a long-temps que j'ai fait mes preuves du contraire ; ma vie en répond d'un bout à l'autre ; & la converſation d'hier, dont vous êtes en peine, pourroit encore en faire foi. Il eſt vrai qu'elle fut ſérieuſe de ma part, & peut-être plus que de raiſon. Nous parlions... Mais non, vous n'êtes pas digne d'en être inſtruit, mon injuſte voiſin. Adieu donc. Laiſſez-moi en repos.

VINGT-DEUXIEME REPONSE.

21 mai.

QUOIQUE je vous aie annoncé mon ſilence, & que vous n'en duſſiez pas être allarmé, mon cher voiſin, puiſque je vous en ai dit les raiſons; je ne puis ſouffrir qu'il ſuccede encore immédiatement à notre entrevue. Ne faut-il pas au moins nous en parler, avant que de nous taire ? Il n'y a perſonne qui, à la voir, n'eût jugé que nous avons beaucoup de ſentiment, ou fort peu d'eſprit. Cependant je ne crois pas que nous ſoyons ſi tendres ou ſi bêtes que nous avons paru; & je ne comprens pas par quelle fatalité, déſirant de nous voir, ayant des choſes intereſſantes à nous dire, nous n'avons pu nous expliquer ſur rien. Vous qui devinez ſi bien les énigmes, devinez donc celle-là. J'entens mieux votre paradoxe ; je trouve même qu'il s'ajuſte fort avec le mien Je conçois de reſte qu'une demie liberté eſt une eſpece d'avantage qui peut devenir inſupportable ; & c'eſt ce qui me fortifie dans le deſſein d'une plus profonde retraite. La diſtraction que vous traitez ſi légérement , peut aller loin , ſur-tout quand elle ne rencontre aucune diver- ſion ; & je ne ſçais pourquoi vous décidez ſi hardiment que la mien- ne ne fait préciſément que ſuivre le mouvement de ma plume. Au- tre erreur. Vous penſez que celui qui ne dédaigne pas de ſe décla- rer jaloux , ſe contente d'une ſou- miſſion ſervile & d'un culte où le cœur & l'eſprit ſe diſpenſent d'en- trer. Non , ce n'eſt pas aſſez de déférer même exactement à des ordonnances qui , après tout , ne ſont faites que pour nous ; puiſ- qu'elles tendent uniquement au maintien de la ſociété humaine ,

dont nous faiſons partie. Nous devons un hommage plus parfait ;
& c'eſt cette adoration en eſprit
& en vérité ; devoir le plus eſſen-
tiel , & qui ne ſe remplit que par
une attention ſans partage. Vous
ſouhaitiez , il y a quelque temps,
de ſçavoir comment j'étois venue
à penſer ſur cela comme je fais
préſentement. Je vous en rendrai
compte , ſi vous voulez ne m'en
plus demander d'autre. Cet ouvrage , dont j'avois formé le plan
depuis longtemps, a reçu ici ſa premiere ébauche ; mais je ſuis tellement convaincue de ne pouvoir
l'achever que dans la retraite, que,
s'il arrive enfin que je quitte celle-
ci , ce ne ſera que pour en prendre

dre une encore plus auſtere. Vous voyez que je vous parle avec aſ-ſez de confiance ; & cela mérite bien que vous renonciez à tout ce qui pourroit altérer des projets ſi juſtes & ſi ſérieux.

VINGT-TROISIEME REPONSE.

2 2 mai.

VOICI une erreur de fait dans laquelle vous êtes tombé, qui demande un prompt éclairciſſe-ment, malgré la réſolution de ne point écrire. Vous croyez que je jouis d'une liberté plus étendue que la vôtre : j'ai peur que cela ne vous faſſe ſécher d'envie. Je vous avertis donc que le mot d'en-tretien qui vous a trompé, ne ſignifioit autre chofe qu'une longue lettre. Nos privilèges à cet égard, font, je crois, affez femblables. La fufpenfion de vos défirs de liberté pendant dix heures, employées vraifemblablement pour la plus grande partie à dormir, & le refte à prier Dieu, me paroît un ouvrage de la nature & de la grace, dont vous n'avez point à vous vanter.

La différence de l'utile à l'honnête fera donc traitée à fond entre nous, la premiere fois que nous nous pourrons voir ; j'èn doute fort. Je vous fuis très-obligée de l'inquiétude que vous avez eue de ma fauffe migraine ; mais je défapprouve que vous placiez cette attention avant quelqu'autre, que dans l'ordre naturel elle ne doit pas précéder.

Ce ne fut ni le fommeil, ni la pure pareffe, qui retarderent hier mon ajuftement. Des foins plus engageans s'en mêlerent ; entr'autres celui de confoler le cher patron, dont les peines me font plus fenfibles que les miennes propres.

Vous remarquerez que ce billet ne demande point de réponfe : vous pourrez fans honte confentir d'avoir le dernier.

VERS

Cités dans le cours des Mémoires.

I.

(*Voyez* tome I , page 31.)

A DORIS.

Que de chofes l'on vous dira,
Aujourd'hui que commence un fiécle avec
l'année ?
Vous promette d'aimer un fiécle qui voudra;
Je n'aime qu'au jour la journée.
Mille & mille autres jours fuccédent à leur
tour :
Mais les promettre eft erreur en amour.
Sur les ailes du Temps la promeffe s'envole.
Ces fiécles deviennent un jour :
Moi, je tiens plus que ma parole.

I I.

(Voyez tome I, page 33.)

PORTRAIT DE DORIS.

Si j'aime, ou si je n'aime pas,
N'en soyez plus désormais inquiete.
Je vais, belle Doris, finir votre embarras ;
Mais jurez-moi, sur vos appas,
Que vous en serez satisfaite.

Dans un séjour solitaire, écarté,
Où regnent l'indolence & la molle paresse ;
Le ciel confere, avec malignité,
De la douceur avec de la beauté,
De la raison avec de la jeunesse,
Du goût, de la délicatesse,
Point d'humeur, ni de vanité.
Cet assemblage heureux charmeroit l'Amour
même.
En vous voyant, voilà ce que je vois :
Après cela, demandez-moi si j'aime.

III.

(Voyez tome I, page 291.)

ÉPÎTRE

A MADEMOISELLE DE L...

Par monsieur l'abbé DE CHAULIEU.

L... qui souverainement
Possedes le talent de plaire ;
Qui sçais de tes défauts te faire un agrément ;
Et des plaisirs du changement
Jouir, sans paroître légére
Méme aux yeux d'un fidele amant ;
Coquette, libertine, & peut-être friponne ;
Quelque noms odieux qu'en ces vers je te
donne ,
Je sens, dans le moment que l'on doit t'abhor-
rer ,
Que mon cœur, hormis toi, ne trouve rien
d'aimable :
Et, par un charme inconcevable ,
Avec ce qui rendroit une autre abominable ,
Tu trouves le moyen de te faire adorer.

Q U E ne te dois-je point? Sans toi, dans l'in-
  dolence
Couloient mes derniers jours à l'ennui defti-
  nés,
  Par la nature condamnés
  Aux langueurs de l'indifférence.
Toi feule ranimant, par d'inconnus efforts,
  D'une machine prefqu'ufée
  Les mouvemens & les refforts,
As fait renaître encor, dans une ame glacée,
Les fureurs de l'amour & mes premiers tranf-
  ports.

M A I S que n'ai-je point fait pour vaincre ma
  tendreffe,
Et combattre un penchant qui n'eft plus de
  faifon?
Il n'en étoit plus temps ; & déja ton adreffe
M'avoit fait avaler ce funefte poifon,
Que tu fçais préparer avec délicateffe ;
Et j'étois hors d'état d'écouter la raifon,
Quand elle m'a voulu reprocher ma foibleffe.

C O M M E N T te réfifter? Même avant de te voir,
D'un penchant inconnu j'ai fenti le pouvoir.
Je louois ton efprit avant de te connoître :

Ta seule réputation
Formoit l'intelligence & l'inclination ;
Qu'une aveugle prévention ,
Sans m'en appercevoir , malgré moi , faisoit
naître.
Je te cherchois partout, quand tu vins à paroî-
tre.
Un charme, plus puissant cent fois que la
beauté ,
Forma les nœuds secrets tout à coup d'une
chaîne
Si forte en sa légéreté,
Que je sacrifiai sans peine
A ce doux penchant qui m'entraîne
Mon repos & ma liberté.

Qui jamais, comme toi, du charme de l'es-
prit
Fit sentir toute la puissance ?
De tout ce que l'étude apprit
Il semble que tu veux affecter l'ignorance ;
Et sçais avec discernement,
D'un esprit cultivé ménager l'abondance ;
Le tout avec tant d'agrément,
Qu'à la plus abstraite science
Tu conserves tout l'enjoûment

De la plus simple connoissance.
Sur tes moindres discours l'imagination
     Jette des fleurs avec largesse,
     Sans rien ôter à la justesse
     Du charme de l'invention.
Ce brillant de l'esprit, sur toute ta personne,
Répand cet agrément qu'on ne peut expri-
          mer,
     Ces graces que nature donne,
Et qui se font sentir à qui te sçait aimer.

N'étoit-ce point assez ? Un son de voix flat-
          teur
Portoit à tout moment, dans mon ame em-
          brâsée,
     D'une délicate pensée
La douce illusion & le tour enchanteur.

Jours sereins, jours heureux, qu'êtes-vous
          devenus,
     Où jadis plus d'une conquête
De myrthe & de laurier vint couronner ma
          tête ?
Jeunesse des plaisirs, beaux jours, vous n'êtes
          plus :
     Et déja l'âge, qui s'avance,

D'un amour mutuel me ravit l'espérance.
      Dans cette juste défiance,
Je ne voulus jamais devenir ton vainqueur;
Et ne comptant pour rien, dans l'ardeur de
      te plaire,
Du plaisir d'être aimé la douceur étrangère,
Au seul plaisir d'aimer j'abandonnai mon
      cœur.
Je te parlai d'amour; tu te plus à m'enten-
      dre:
Les jours étoient trop courts pour nos doux
      entretiens;
      Et je connois peu de vrais biens,
      Dont on puisse jamais attendre
Le plaisir que me fit la fausseté des miens.

Heureux à qui le ciel donne un cœur assez
      tendre,
      Pour pouvoir aisément comprendre
D'un amour malheureux quel étoit le bon-
      heur,
      Tel que je crois qu'il devroit rendre
Les plus heureux amans jaloux de mon er-
      reur!

IV.

(Voyez tome I, page 291.)

HYMNE A L'AMOUR,

Par monsieur l'abbé DE CHAULIEU.

Je célébre ta victoire,
Aveugle enfant, sur mon cœur.
Pour conserver la mémoire
De ta derniere faveur,
Je viens, captif, en l'honneur
De mon aimable vainqueur,
Chanter une hymne à sa gloire.

Amour, je dois à ta mere
L'objet charmant que je sers.
Tu lui donnas l'art de plaire,
Et tant d'agrémens divers,
Que tu m'as forgé des fers
Les plus doux, les plus légers
Qu'on ait forgés à Cythere.

Que tes peines ont de charmes!
Qui les souffre est enchanté.
Toi qui sçais, jusques aux larmes,
Mêler de la volupté,
Fais au moins que la beauté
Qui ravit ma liberté,
Te rende avec moi les armes.

Viens, cher tyran de ma vie,
Toi seul fais l'enchantement,
Qui tient mon ame asservie
Sous le joug le plus charmant.
Que dans ce ravissement,
Je vive & meure, en aimant
Mon adorable Lesbie.

Tu m'entens ; & viens sans peine,
Amour, exaucer mes vœux.
Déja de ma douce chaîne
Je sens resserrer les nœuds;
Et cent fois plus amoureux,
Je brûle de plus de feux
Que n'en allumoit Helene.

C'est la digne récompense
Des tourmens que j'ai soufferts,
Dès qu'au sortir de l'enfance
Je fus esclave en tes fers :
Et je veux que l'univers
Apprenne, en mes derniers vers,
Ma défaite & ta puissance.

---

15 juin 1750.
Madame DE STAAL, *femme du capitaine aux gardes*
Suisses, maréchal de camp, est morte cette nuit.

F I N.